本书由
中央高校建设世界一流大学（学科）
和特色发展引导专项资金
资助

中南财经政法大学"双一流"建设文库

生|态|文|明|系|列|

产业格局、人口集聚、空间溢出与中国城市生态效率

杨柳青青 著

中国财经出版传媒集团

经济科学出版社
Economic Science Press

图书在版编目（CIP）数据

产业格局、人口集聚、空间溢出与中国城市生态效率/
杨柳青青著 . —北京：经济科学出版社，2019.12
（中南财经政法大学"双一流"建设文库）
ISBN 978 - 7 - 5218 - 1114 - 8

Ⅰ.①产…　Ⅱ.①杨…　Ⅲ.①城市经济 - 产业经济 -
影响 - 城市环境 - 生态环境 - 研究 - 中国 ②城市人口 -
影响 - 城市环境 - 生态环境 - 研究 - 中国 ③城市空间 -
影响 - 城市环境 - 生态环境 - 研究 - 中国　Ⅳ.①F299.2
②C924.24 ③TU984.11

中国版本图书馆 CIP 数据核字（2019）第 273499 号

责任编辑：白留杰
责任校对：刘　昕
责任印制：李　鹏

产业格局、人口集聚、空间溢出与中国城市生态效率

杨柳青青　著

经济科学出版社出版、发行　新华书店经销
社址：北京市海淀区阜成路甲 28 号　邮编：100142
教材分社电话：010 - 88191354　发行部电话：010 - 88191522
网址：www. esp. com. cn
电子邮件：bailiujie518@ 126. com
天猫网店：经济科学出版社旗舰店
网址：http：// jjkxcbs. tmall. com
北京密兴印刷有限公司印装
787 × 1092　16 开　12.75 印张　200000 字
2019 年 12 月第 1 版　2019 年 12 月第 1 次印刷
ISBN 978 - 7 - 5218 - 1114 - 8　定价：46.00 元
（图书出现印装问题，本社负责调换。电话：010 - 88191510）
（版权所有　侵权必究　打击盗版　举报热线：010 - 88191661
QQ：2242791300　营销中心电话：010 - 88191537
电子邮箱：dbts@ esp. com. cn）

总　序

　　"中南财经政法大学'双一流'建设文库"是中南财经政法大学组织出版的系列学术丛书，是学校"双一流"建设的特色项目和重要学术成果的展现。

　　中南财经政法大学源起于1948年以邓小平为第一书记的中共中央中原局在挺进中原、解放全中国的革命烽烟中创建的中原大学。1953年，以中原大学财经学院、政法学院为基础，荟萃中南地区多所高等院校的财经、政法系科与学术精英，成立中南财经学院和中南政法学院。之后学校历经湖北大学、湖北财经专科学校、湖北财经学院、复建中南政法学院、中南财经大学的发展时期。2000年5月26日，同根同源的中南财经大学与中南政法学院合并组建"中南财经政法大学"，成为一所财经、政法"强强联合"的人文社科类高校。2005年，学校入选国家"211工程"重点建设高校；2011年，学校入选国家"985工程优势学科创新平台"项目重点建设高校；2017年，学校入选世界一流大学和一流学科（简称"双一流"）建设高校。70年来，中南财经政法大学与新中国同呼吸、共命运，奋勇投身于中华民族从自强独立走向民主富强的复兴征程，参与缔造了新中国高等财经、政法教育从创立到繁荣的学科历史。

　　"板凳要坐十年冷，文章不写一句空"，作为一所传承红色基因的人文社科大学，中南财经政法大学将范文澜和潘梓年等前贤们坚守的马克思主义革命学风和严谨务实的学术品格内化为学术文化基因。学校继承优良学术传统，深入推进师德师风建设，改革完善人才引育机制，营造风清气正的学术氛围，为人才辈出提供良好的学术环境。入选"双一流"建设高校，是党和国家对学校70年办学历史、办学成就和办学特色的充分认可。"中南大"人不忘初心，牢记使命，以立德树人为根本，以"中国特色、世界一流"为核心，坚持内涵发展，"双一流"建设取得显著进步：学科体系不断健全，人才体系初步成型，师资队伍不断壮大，研究水平和创新能力不断提高，现代大学治理体系不断完善，国际交流合作优化升级，综合实力和核心竞争力显著提升，为在 2048 年建校百年时，实现主干学科跻身世界一流学科行列的发展愿景打下了坚实根基。

"当代中国正经历着我国历史上最为广泛而深刻的社会变革，也正在进行着人类历史上最为宏大而独特的实践创新"，"这是一个需要理论而且一定能够产生理论的时代，这是一个需要思想而且一定能够产生思想的时代"①。坚持和发展中国特色社会主义，统筹推进"五位一体"总体布局和协调推进"四个全面"战略布局，实现"两个一百年"奋斗目标、实现中华民族伟大复兴的中国梦，需要构建中国特色哲学社会科学体系。市场经济就是法治经济，法学和经济学是哲学社会科学的重要支撑学科，是新时代构建中国特色哲学社会科学体系的着力点、着重点。法学与经济学交叉融合成为哲学社会科学创新发展的重要动力，也为塑造中国学术自主性提供了重大机遇。学校坚持财经政法融通的办学定位和学科学术发展战略，"双一流"建设以来，以"法与经济学科群"为引领，以构建中国特色法学和经济学学科、学术、话语体系为己任，立足新时代中国特色社会主义伟大实践，发掘中国传统经济思想、法律文化智慧，提炼中国经济发展与法治实践经验，推动马克思主义法学和经济学中国化、现代化、国际化，产出了一批高质量的研究成果，"中南财经政法大学'双一流'建设文库"即为其中部分学术成果的展现。

文库首批遴选、出版二百余册专著，以区域发展、长江经济带、"一带一路"、创新治理、中国经济发展、贸易冲突、全球治理、数字经济、文化传承、生态文明等十个主题系列呈现，通过问题导向、概念共享，探寻中华文明生生不息的内在复杂性与合理性，阐释新时代中国经济、法治成就与自信，展望人类命运共同体构建过程中所呈现的新生态体系，为解决全球经济、法治问题提供创新性思路和方案，进一步促进财经政法融合发展、范式更新。本文库的著者有德高望重的学科开拓者、奠基人，有风华正茂的学术带头人和领军人物，亦有崭露头角的青年一代，老中青学者秉持家国情怀，述学立论、建言献策，彰显"中南大"经世济民的学术底蕴和薪火相传的人才体系。放眼未来、走向世界，我们以习近平新时代中国特色社会主义思想为指导，砥砺前行，凝心聚

---

① 习近平：《在哲学社会科学工作座谈会上的讲话》，2016 年 5 月 17 日。

力推进"双一流"加快建设、特色建设、高质量建设，开创"中南学派"，以中国理论、中国实践引领法学和经济学研究的国际前沿，为世界经济发展、法治建设做出卓越贡献。为此，我们将积极回应社会发展出现的新问题、新趋势，不断推出新的主题系列，以增强文库的开放性和丰富性。

"中南财经政法大学'双一流'建设文库"的出版工作是一个系统工程，它的推进得到相关学院和出版单位的鼎力支持，学者们精益求精、数易其稿，付出极大辛劳。在此，我们向所有作者以及参与编纂工作的同志们致以诚挚的谢意！

因时间所囿，不妥之处还恳请广大读者和同行包涵、指正！

中南财经政法大学校长

前　言

　　近年来，随着我国经济的快速发展和城镇化的不断推进，城市人口急速扩张。然而，粗放式的发展方式和城镇人口的急剧膨胀给城市环境造成了巨大压力，各种环境问题接踵而至。城市的生态问题不仅是我国城镇化发展中面临的问题，也是世界各国关注的话题，为此，研究城市生态效率和探讨生态效率变化的内在规律极具必要性和紧迫性。城市规模扩张过程，也是产业、人口以及城市的空间集聚过程，但国内关于集聚对城市生态效率影响的相关研究结论充满争论。因此，研究城市的产业、人口以及空间集聚对于城市生态效率的影响，对于探索经济增长与环境保护的协调发展路径具有重要的理论价值和现实意义。本书从产业集聚、人口集聚和空间溢出三个方面重点分析了三者对城市生态效率的作用机制，随后，从这三个因素对城市生态效率的影响进行了实证研究。

　　本书首先分析了我国地级市的生态效率，利用 Super Slack – based Measure (SBM) 测算 2003 ~ 2017 年 280 个地级市的城市生态效率，分别从总体特征、区域特征等视角考察了其时空演变规律。研究发现：从总体上来看，中国地级市生态效率较低，尚有较大提升空间；从时序特征来看，中国地级市生态效率总体呈现先降后升态势，整体上有逐步改善的趋势；从空间分布特征来看，中国地级市生态效率空间上呈"中部塌陷"现象；中国地级城市间的环境约束下生态效率差异具有缩小趋势，其差异的主要贡献来自区域内差异，城市间生态效率没有显示出"俱乐部"趋同，且中部地区城市内部差异对总差异的贡献呈上升态势。

　　从产业集聚角度，首先基于改进的两部门生产模型，分析了产业集聚对城市生态效率的影响，利用 2003 ~ 2017 年地级市面板数据测算了 280 个地级市的产业集聚度和产业专业化水平；利用面板数据回归模型分析了不同城市规模下，不同形态的产业集聚与城市生态效率之间的非线性关系，并讨论了地域和规模差异情况下的结论。研究表明：产业集聚、产业专业化对于城市生态效率具有显著的促进作用，而且这种促进作用在西部地区和小型城市之间更大；产业集聚与城市生态效率之间理论上呈倒 U 形关系，但在中西部地区和中等城市中并不显著；产业专业化水平对城市生态效率有正向影响关系，但在东部地区和大城市中并不显著。

从人口集聚角度，基于面板门槛模型，利用 2003～2017 年的地级市面板数据，探讨了不同人口规模、不同人口密度对城市生态效率的门槛效应。结果显示：从全国情况来看，城市人口规模与生态效率之间存在显著的双重门槛；基于东中西部区域来讲，各区域内部城市人口规模与生态效率之间也存在显著的双重门槛。从人口规模与城市生态效率的角度看，东部地区、中部地区和西部地区的双重门槛值存在明显差异；不同人口规模下人口密度与生态效率之间存在显著关系；不同人口规模下人口密度与生态效率之间的门槛效应存在显著的异质性。

从城市生态效率的空间关联和空间溢出角度，本书分别利用空间自相关模型和基于 STIRPAT 模型的空间回归方法，采用 2003～2017 年的地级市面板数据，分析了城市生态效率的空间格局和空间溢出效应。结果表明：从空间维度来说，城市群中存在正的空间相关性，且随着时间推移高值与低值集聚具有逐渐增强趋势。从空间溢出效应的原因来说，各单元的生态效率不仅与该区域的产业结构、社会经济发展水平等因素有关，还与周围邻域单元生态效率相关；政府行为和个人财富增长有利于城市生态效率的提升；城市固定资产投资规模的扩大会显著降低城市生态效率；外商直接投资与产业结构并不能显著提升生态效率，但产业结构的空间滞后项显著降低了其他城市的生态效率。

最后，对本书的研究内容进行了概括性总结，提出了产业格局、人口集聚和空间溢出与城市生态效率研究的不足之处，并对未来的研究方向进行了展望。

杨柳青青

2019 年 10 月

目 录

第1章
绪　论

1.1 研究背景与意义

1.1.1 研究背景

改革开放以来，我国经济发展取得长足进步，跃升为世界第二大经济体。2017 年国内生产总值为 82075 亿元，为 2003 年的 6.04 倍，其中工业增加值为 32.9931 亿元，为 2003 年的 5.25 倍（见图 1 - 1）。城镇化水平也在改革开放的 40 年中得到了大幅度提升：不同城市根据自身区位和规划的需要采用了产业多元化或者产业专业化的发展模式；城镇人口也呈现出成倍增长的趋势：从 2003 年的 52.376 万人增长到 2017 年的 81347 万人，增幅高达 55.32%[①]，如图 1 - 2 所示。

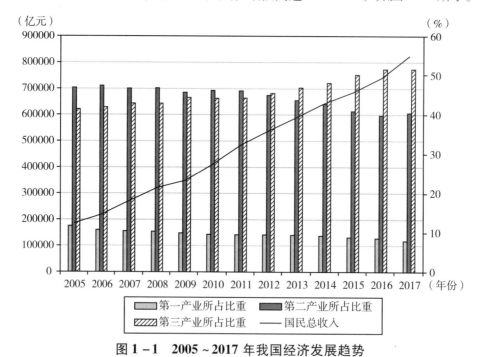

图 1 - 1 2005～2017 年我国经济发展趋势

---

① 以上数据来源于中国宏观经济数据库。

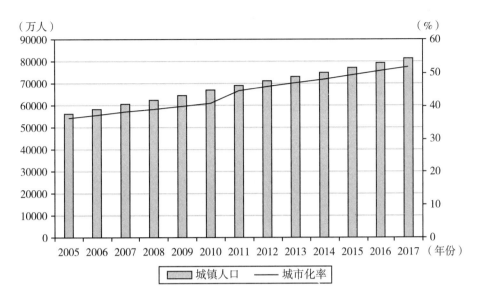

图 1 - 2　2005 ~ 2017 年我国城镇化发展趋势

但随着城市的快速扩张和农村人口的不断涌入，城市环境污染问题日益突出，毋庸讳言，中国的经济发展在一定程度上也是以牺牲生态环境为代价的。不同于其他的发展中国家，中国环境污染呈以下几个特点。

1.1.1.1　大气污染

固体颗粒物浓度。随着经济的快速发展和中国工业化和城市化的加速，空气污染已成为一个不可回避的严重问题。近年来，中国的空气质量一直在缓慢改善，多年来空气污染物总量一直居高不下。根据污染物分类，四种主要污染物的年平均浓度呈下降趋势，符合标准的城市比例增加。2015 年中国二氧化硫和氮氧化物平均浓度达到一流的空气质量标准。但是，目前的空气污染水平仍然远离理想的空气环境，尤其是细颗粒物、可吸入颗粒物等颗粒物浓度严重超标。

自 2013 年 9 月国务院发布《大气污染防治行动计划》以来，2013 ~ 2015 年中国大气污染物浓度明显下降，但 2016 ~ 2017 年下降放缓。2013 ~ 2015 年，中国 74 个重点城市 PM2.5 平均浓度大幅下降 23.6% （见图 1 - 3）。二氧化硫（SO_2）浓度下降 37.5% （见图 1 - 4）；可吸入颗粒物浓度下降 21.2% （见图 1 - 5）。这一下降速度是由于"大气十条"关键措施的快速实施——新的污染物排放标准导致了 2014 年火电厂污染物排放量的快速下降，工业用煤的排放量也在 2013～2015 年明显下降。因此，2013～2015 年，细颗粒物、二氧化氮和二氧化硫三种主要大气污染物的浓度在全国大部分省级行政区域有所下降，达标城市大幅上升（见图 1-6）。然而，在 2016～2017 年，由于重工业复产，多行业的煤炭消耗量产生回弹，以及部分企业依然存在超标排放等问题，我国细颗粒物、二氧化氮和二氧化硫三种主要大气污染物浓度下降放缓，二氧化氮平

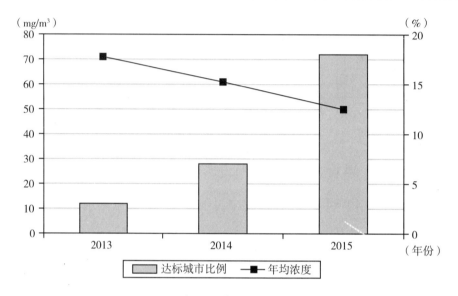

图 1-3　2013～2015 年细颗粒物年均浓度与达标城市比例

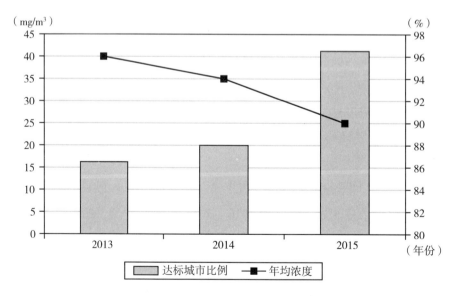

图 1-4　2013～2015 年二氧化硫年均浓度与达标城市比例

均浓度甚至出现了小幅度回升趋势（见图 1-6）。从省级细颗粒物指数来看，细颗粒物平均浓度下降速度几乎停滞，与前些年的成果相距甚远，而二氧化氮的浓度持续上升，细颗粒物和臭氧浓度进一步提高对空气质量也会有不利影响。2013 年以来，臭氧浓度持续上升，已成为细颗粒物之后不容忽视的第二大空气污染物。

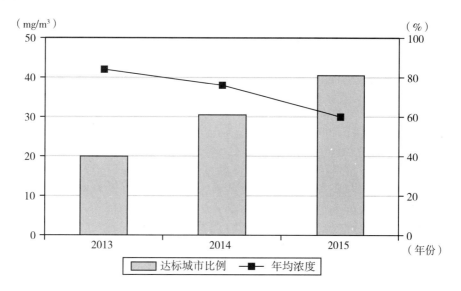

图 1-5　2013~2015 年可吸入颗粒物年均浓度与达标城市比例

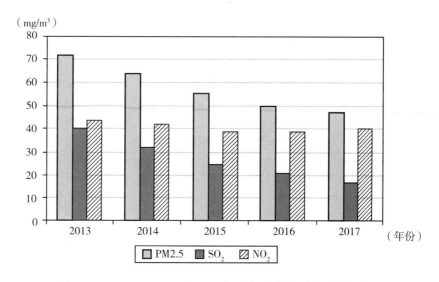

图 1-6　2013~2017 年 74 个重点城市污染物浓度变化

资料来源：环境保护部年度环境状况公报。

1.1.1.2 水污染

我国现有可取用水资源约为 8000 亿～9500 亿立方米，约占水资源总量的 1/3，而 2004 年《中国水资源公报》显示，全国水资源等总消费量已达到 5548 亿立方米，如按 8000 亿立方米的用水量算，已经达到总量的 70%，逼迫用水接近极限。在黄河等部分地区，水资源利用率达到 92%，突破了河流的承载极限。更可怕的是，目前中国城市污水处理率只有 45% 左右。而由于我国的污水处理率较低，加之污染源的排污量日益严重，我国的主要水系以及许多湖泊和地下水都受到了不同程度的影响。

中国的地表水资源主要集中在七大水系：长江（年径流：9513 亿立方米）、黄河（年径流：661 亿立方米）、松花江（年径流：762 亿立方米）、辽河流域（年径流：148 亿立方米）、珠江（年径流：3338 亿立方米）、海河（年径流：228 亿立方米）和淮河流域（年径流：622 亿立方米）。根据 2004 年七大水系的 412 个水质监测断面数据显示，Ⅰ～Ⅲ类、Ⅳ～Ⅴ类和劣Ⅴ类水质的断面比例分别为：41.8%、30.3% 和 27.9%，珠江、长江水质较好，辽河、淮河、黄河、松花江、海河水质较差。主要污染指标为氨氮、五日生化需氧量、高锰酸盐指数和石油类。

2004 年监测的 27 个重点湖库中，满足Ⅱ类水质的湖库 2 个，占 7.5%；Ⅲ类水质的湖库 5 个，占 18.5%；Ⅳ类水质的湖库 4 个，占 14.8%；Ⅴ类水质湖库 6 个，占 22.2%；劣Ⅴ类水质的湖库 10 个，占 37.0%。其中"三湖"（太湖、巢湖、滇池）水质均为劣Ⅴ类（见表 1-1）。主要污染指标是总氮和总磷。

表 1-1　　　　　　　　　2004 年重点湖库水质类别统计

水系	个数	Ⅰ类	Ⅱ类	Ⅲ类	Ⅳ类	Ⅴ类	劣Ⅴ类	主要污染指标
三湖	3	0	0	0	0	0	3	总氮、总磷
大型淡水湖	9	0	1	2	1	1	4	总磷、总氮
城市内湖	5	0	0	0	0	3	2	总磷、总氮
大型水库	10	0	1	3	3	2	1	总氮、总磷
总计	27	0	2	5	4	6	10	总磷、总氮
比例（%）		0	7.5	18.5	14.8	22.2	37	总磷、总氮

1.1.1.3 土地荒漠化

（1）土地荒漠化

如图 1 - 7 所示，我国土地荒漠化目前主要分布于新疆（107.06 万平方千米）、内蒙古（60.92 万平方千米）、西藏（43.26 万平方千米）、甘肃（19.50万平方千米）、青海（19.04 万平方千米）5 省，5 省级地区荒漠化土地面积占全国荒漠化土地总面积的 95.64%；其他 13 省级地区占 4.36%。

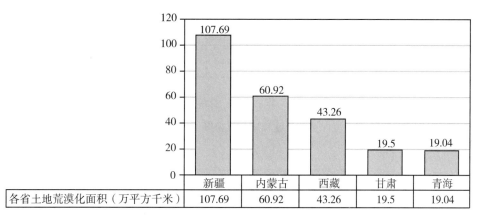

图 1 - 7 2017 年各省荒漠化土地面积

资料来源：2017 年环境保护部年度环境状况公报。

通过治理，与 2009 年相比，所有荒漠化问题突出的省份均有效控制了荒漠化土地面积的增长。如图 1 - 8 所示，内蒙古减少 4169 平方千米，甘肃减少 1914 平方千米，陕西减少 1443 平方千米，河北减少 1156 平方千米，宁夏减少 1097 平方千米，山西减少 622 平方千米，新疆减少 589 平方千米，青海减少 507 平方千米。

（2）土地沙化

截至 2017 年，全国荒漠化土地总面积 26115.93 万公顷，占荒漠化检测区面积 78.45%，占国土总面积的 27.20%，荒漠化土地分布在 18 个省级、528 县级。其中，轻度荒漠化土地面积 7492.79 万公顷；中度面积 9255.25 万公顷；重度面积 4021.20 万公顷；极重度面积 5346.69 万公顷。

如图 1 - 9 所示，目前我国沙化土地主要分布在新疆（74.71 万平方千米）、内蒙古（40.79 万平方千米）、西藏（21.58 万平方千米）、青海（12.46 万平方千米）、甘肃（12.17 万平方千米）5 省级地区，5 省沙化土地面积占全国沙化土地总面积的 93.95%。

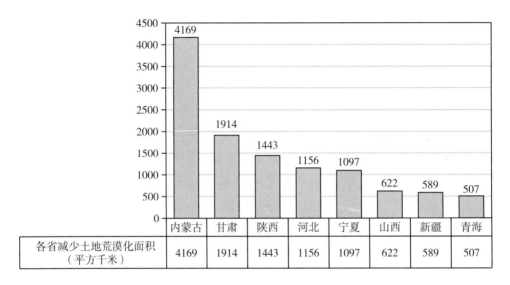

图 1 - 8　2017 年各省减少荒漠化土地面积

资料来源：2017 年环境保护部年度环境状况公报。

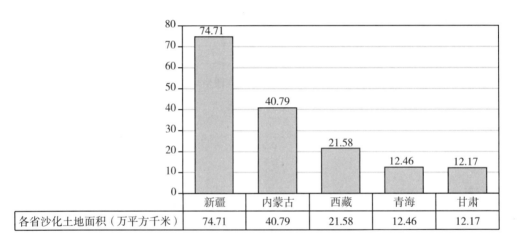

图 1 - 9　2017 年各省沙化土地面积

资料来源：2017 年环境保护部年度环境状况公报。

　　治理之后与 2009 年相比，内蒙古等 29 个省级沙化土地面积都有不同程度的减少。如图 1 - 10 所示，内蒙古减少 3432 平方千米，山东减少 858 平方千米，甘肃减少 742 平方千米，陕西减少 593 平方千米，江苏减少 585 平方千米，青海减少 570 平方千米，四川减少 507 平方千米。

　　依据监测结果，截至 2017 年，我国荒漠化土地面积共 261.16 万平方千米，沙化土地面积 172.12 万平方千米。较之 2009 年，荒漠化土地面积在五年期间净

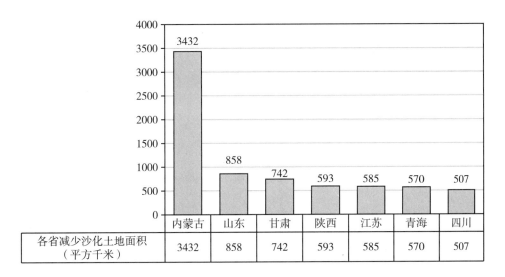

图 1 - 10 2009 ~ 2014 年各省减少沙化土地面积

资料来源：2017 年环境保护部年度环境状况公报。

减少 12120 平方千米，年均减少 2424 平方千米；沙化土地面积净减少 9902 平方千米，年均减少 1980 平方千米。

能取得如此显著的成效，与这些年我国政府出台的环境保护政策及群众的努力有着密切关系，该系列政策的出台及实施使我国各界对土地荒漠化、沙地化的防治工作取得了一定的进展，更加坚定了对此的防治信心（见表 1 - 2）。

表 1 - 2　　　　　　我国近年出台防止荒漠化的政策

政策名称	出台时间	主要内容	实施地区
关于修改《中华人民共和国野生动物保护法》等 15 部法律的决定	2018 年 10 月 26 日	预防土地沙化，治理沙化土地，维护生态安全，促进经济和社会的可持续发展	全国
关于修改《中华人民共和国文物保护法》等 12 部法律的决定	2014 年 6 月 29 日	解决草原过度放牧，实施草畜平衡制度，保护草场承载力，合理利用自然资源	全国
全国防沙治沙规划（2011 ~ 2020 年）	2013 年 1 月	划定沙化土地封禁保护区，加大防沙治沙重点工程建设力度，全面保护和增加林草植被，积极预防土地沙化，综合治理沙化土地。到 2020 年，使全国一半以上可治理的沙化土地得到治理，沙区生态状况进一步改善	全国

1.1.1.4 水土流失

（1）水土流失总体现状

根据 2018 年全国第四次水土流失动态监测，全国水土流失面积 273.69 万平方千米，占全国国土面积（不含港澳台）的 28.6%。与 2011 年第三次检测时相比，水土流失面积减少了 21.23 万平方千米。水土流失类型主要分水力侵蚀和风力侵蚀两种，其中水力侵蚀面积 115.09 万平方千米，占水土流失总面积的 42%，占国土面积的 12%；风力侵蚀面积 158.60 万平方千米，占水土流失总面积的 58%，占国土面积的 16.6%。

从全国省份分布来看，水力侵蚀在全国 31 个省（区、市）均有分布，风力侵蚀主要分布在"三北"地区。从东、中、西地区分布来看，西部地区水土流失最为严重，面积为 228.99 万平方千米，占全国水土流失总面积的 83.7%；中部地区次之，面积为 30.04 万平方千米，占全国水土流失总面积的 11%；东部地区最轻，面积为 14.66 万平方千米，占全国水土流失总面积的 5.3%（见图 1 – 11）。

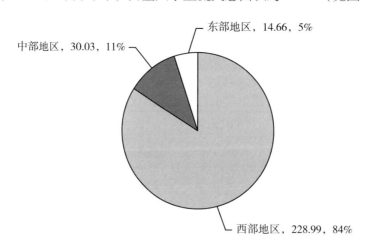

图 1 – 11　2018 年不同地区水土流失面积比例（万平方千米）

资料来源：2018 年全国水土流失动态监测成果新闻发布会。

（2）水土流失程度现状

水土流失强度分为轻度、中度、强烈、极强烈、剧烈侵蚀 5 个等级。轻度水土流失面积为 168.25 万平方千米，占总面积的 61.5%。中度及以上水土流失面积为 105.44 万平方千米，占总面积的 38.5%（见图 1 – 12）。

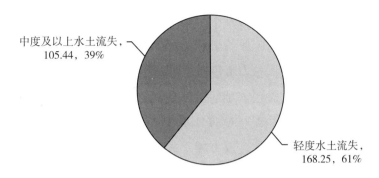

图 1 - 12　2018 年不同程度水土流失面积比例（万平方千米）

资料来源：2018 年全国水土流失动态监测成果新闻发布会。

（3）水土流失主要特点

一是水土流失面积持续减少。根据 1985 年、1999 年、2011 年、2018 年四次调查（监测）结果，全国水土流失总面积分别为 367.03 万平方千米、355.56 万平方千米、294.92 万平方千米、273.69 万平方千米，三个时段分别减少 11.47 万平方千米、60.65 万平方千米、21.23 万平方千米，年均减幅分别为 0.22%、1.42%、1.03%（见图 1 - 13）。

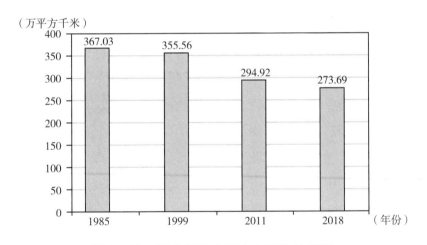

图 1 - 13　四次调查全国水土流失总面积

资料来源：2018 年全国水土流失动态监测成果新闻发布会。

二是水土流失以中轻度为主，强度明显下降。与 2011 年结果对比，2018 年中度以上侵蚀面积均有下降，共减少 51.11 万平方千米，减幅 32.65%，中度以上侵蚀面积占比降低 14.6%，呈现出高强度侵蚀向低强度变化的特征。当前水土流失以中轻度侵蚀为主占比 78.7%。

三是水力侵蚀减幅大，风力侵蚀减幅相对小。与 2011 年第三次调查对比，全国水力侵蚀面积减少 14.24 万平方千米，减幅 11%，风力侵蚀面积减少 6.99 万平方千米，减幅 4.22%，水力侵蚀减少绝对量和减幅均高于风力侵蚀。

四是东部地区减幅大，西部地区减少绝对量大。与 2011 年对比，东、中、西部地区水土流失面积分别减少 2.59 万平方千米、3.32 万平方千米、15.31 万平方千米，减幅分别为 15.00%、9.97%、6.27%。东部地区水土流失面积减幅大，减少绝对量小；西部地区水土流失面积减幅相对低，减少绝对量大。

（4）相关政策及主要内容（见表 1-3）

表 1-3　　　　　　　近年来出台防治水土流失的政策

政策名称	出台时间	主要内容	实施地区
中华人民共和国水土保持法（修订）	2010 年 12 月 25 日	根据中国环境统计年鉴数据显示，截至 2017 年累计新增治理水土流失面积 12583.9 平方千米	全国
全国水土保持规划（2015~2030 年）	2015 年 12 月 15 日	规划围绕水土保持法的贯彻实施，提出了综合监管建设内容。逐步建立健全与国家生态文明建设要求相适应的综合监管体系	全国
黄土高原地区水土保持淤地坝工程建设管理暂行办法	2004 年 5 月 9 日	加强和规范黄土高原地区水土保持淤地坝工程建设管理	黄土高原地区

面对资源环境的"瓶颈"制约，中国不断摸索城市发展与生态环境协调统一的可持续发展之路。在 2015 年 3 月召开的中央政治局会议上提出了"绿色化"，将"新四化"升级成为"新五化"，肯定了生态文明建设的重要地位和实践意义。2015 年 的中央城市工作会议提出，要致力于转变发展方式，完善治理体系，提高治理能力，破解城市病等突出问题。2017 年李克强同志在政府工作报告中指出，将加大生态环境保护治理力度，并强调科学施策、标本兼治、铁腕治理，坚决打好蓝天保卫战，实现环境与经济"双赢"、绿色与创新"双促"、生态与城市"双修"。因此，实现经济与环境和谐统一、提倡绿色城市发展，在兼顾经济良性发展的同时进行切实有效的环境保护，是一个必须不断进行探索的永恒主题，是我国在资源环境约束下提高城市生态效率、实现经济可持续发展的有效途径。

提高生态效率，走绿色环保发展之路是城市化发展的最佳路径，也是全世界城市发展的共识。2012 年 12 月，世界各国元首签署《巴黎气候协定》，传递出全球将携手实现低碳经济发展、气候适应型和可持续发展的强烈信号。2014
年 6 月，首届联合国环境大会对"里约 + 20"峰会成果文件《我们希望的未来》
进行了重申和强调。2015 年 12 月，习近平主席与奥巴马总统在华盛顿举行会
谈，双方共同发表了关于气候变化的联合声明《中美元首气候变化联合声明》。
该声明重申了中国和美国在保护生态环境和提高生态效率上的共识以及决心。
哥本哈根气候会议的召开、《气候变化绿皮书：应对气候变化报告（2013）》[①]
以及《联合国气候变化框架公约》的签订，都表明了世界各国在面对严峻环境
恶化问题的坚决态度。提高生态效率将成为各国化解环境与经济之间的矛盾，
最终实现经济环境和谐发展的一剂良药。

1.1.2　问题的提出

早在 19 世纪，经济学家就发现并明确提出集聚对于经济发展具有明显的正
向作用：产业集聚能够提高生产效率、能源利用率，增加技术创新及其扩散；
人口集聚极大地促进了空间利用最大化，推动劳动力分工合作，合理配置人力
资源；城市空间集聚加强了城市间的经济联系，实现城市间功能互补，促进城
市规划和基础设施建设共用。随着产业和人口在城市的集聚，城市经济发展实
现了一次又一次的飞跃。但是，当面对经济发展与环境保护之间矛盾凸显的现
状，人们试图用各种环境规制方法来实现两者的有机调和，效果极其有限。为
进一步推进两者的协调发展，以下问题必须加以探讨：

第一，怎样通过提高产业多元化和产业专业化的集聚效应来提高城市生态
效率，同时，对于不同的城市规模，如何通过调整产业发展格局促进其生态效
率的优化。

第二，在解决环境问题时，如何通过人口规模和人口密度的调节实现城市
生态效率的最大化。但不同程度的人口集聚对城市生态效率的影响具有差异化，
有必要对其进行分析。此外，考虑到人口规模和人口密度的调节作用可能存在
门槛效应，本书将对这一非线性关系进行检验。

---

① 中国社会科学院、中国气象局联合发布《气候变化绿皮书：应对气候变化报告（2013）》，2013 年 11 月 4 日。

第三，城市集聚是否会产生正向的生态效率溢出效应，本书将对此进行探究并加以检验，同时研究本地集聚会对周边地域的生态效率产生怎样的影响。

1.1.3　研究意义

提高生态效率是协调经济发展与环境保护的最佳途径之一，是我国建设生态文明的必经之路。利用产业集聚、调整人口集聚程度以及合理规划城市集聚来提高生态效率对我国绿色经济发展和环境生态保护具有重要的理论意义和现实意义。

1.1.3.1　理论意义

第一，进一步丰富集聚与城市绿色发展的理论研究。以往产业集聚、人口集聚和经济效率的研究多关注的是产品的投入产出问题，从而忽视了与环境有关的"灰色"产出。在这种背景下，本书立足于我国经济发展与环境可持续发展矛盾的现状，基于产业集聚理论、人口集聚理论、城市的空间集聚理论和可持续发展理论等相关理论，将绿色城市发展的理念与要素配置有机结合，将"绿色"纳入城市环境状态的评价框架中来；并分析了产业集聚以及人口集聚对城市生态效率的影响作用，一定程度上丰富了产业集聚、人口集聚与城市生态效率的理论研究，为进一步探究有助于城市生态效率提高的环境规制夯实基础。

第二，进一步丰富城市生态效率测度和实际内涵。除了包含传统经济活动得到的产品和服务产出，还包涵了生活生产中产生的环境污染以及资源消耗等非期望产出，使得城市生态效率的测度更具有科学性和普适性，使其在理论研究和实际使用的过程中提高监管监测精确性和政策制定有效性。

第三，进一步丰富"适度人口"理论。"适度人口"理论仅仅阐述了合适的人口规模和人口密度以实现特定的经济环境目标，但并未说明怎样的人口集聚形态能够实现怎样的最终目的。本书从人口规模和人口密度两个维度来探索实现城市生态效率最大化的最佳路径，进一步丰富了"适度人口"理论。

1.1.3.2　现实意义

第一，有助于优化环境规制设计，促进城市绿色发展。对提高城市生态效率的两种实现方式——产业集聚结构以及人口集聚的优化的探讨，有利于指导我国各城市研究制定科学合理的生态城市建设方案。只有当环境规制工具具有针对性和适应性之后，才能针对城市的具体生态问题对症下药，方能实现药到病除。因此，必须认真审视环境规制对区域发展的影响作用。通过实证方法对不同产业聚集度、不同人口规模和不同人口密度对城市生态效率的影响分析，通过对基于绿色城市发展的产业集聚模式、人口集聚模式的运行机制和支撑体系的深入探究，为地方政府提供一个明确具体且操作性强的生态城市建设思路，有助于确定城市自身在生态城市建设道路中所处的阶段，并因地制宜地制定和改善环境规制政策，推动城市绿色发展。

第二，有助于理性认识绿色城市发展，推动要素绿色转型。当前，建设生态文明被提到了与经济发展相同重要的位置，探求和发扬绿色城市发展的新动力成为我国实现经济发展与环境保护协调一致的重要环节。本书利用前沿的测算方法和广泛的测算视角来处理城市生态效率，并在此基础上研究产业集聚结构和人口集聚结构的优化对城市生态效率的推动作用，有利于促进人口、资源与环境三者的有机耦合，推动城市发展绿色转型。

第三，有助于促进环境与产业发展之间互补互助关系。资源环境与产业发展之间不是此消彼长的关系，本书通过对产业集聚发展与城市生态效率的关联研究，揭示了两大系统的耦合作用机制，有助于提高两者共同发展的协同效应，能够充分发挥产业集聚的规模效应、集聚效应等，提高环境资源的优化配置和合理利用，降低城市生态环境污染及其治理成本，规避城市发展重蹈"先污染后治理"覆辙，促进城市产业的绿色结构优化。

1.2　文献综述

在资源环境问题日益严峻的情况下，环境与经济发展严重失衡，生态环境承载力不断下降，成为制约中国发展可持续经济的瓶颈，在此背景下生态效率研究成为学者们研究和关注的热点。学者们基于不同的研究视角，采用不同的研究方法，产生了大量或异或同的研究成果。在我国大力推进城镇化的进程中，城市作为经济运行的重要载体，城市生态效率的研究具有一定的理论与现实意义。本章从生态效率、产业与城市生态效率和人口与城市生态效率三个层面梳理主要相关文献。

1.2.1　生态效率相关研究

1.2.1.1　生态效率的内涵

效率在经济学中的概念是指成本与收益之间的比率，是人类经济活动重要目标。在人类社会发展的不同时期，对"效率"一词赋予了不同的含义。在生态状况良好的背景下，效率追求的是经济效率，即资本与劳动的生产效率；在资源环境稀缺的背景下，经济发展则更加关注资源与环境的生产效率，即生态效率。

1990年德国学者肖特嘉和施图恩率先提出了生态效率的概念，并将生态效率定义为经济增长与环境效应的比值。众多组织也对生态效率给出了新的界定，如国际金融公司、德国BASF集团、欧洲环境署（EEA）等。除此之外，国内外学者也从不同角度对生态效率进行了相关定义。穆勒和施图恩（2001）认为，生态效率等于环境绩效与经济绩效的比值。其中经济绩效即为净经济增加值或者经济增加值。诸大建（2005）强调，经济增长与环境压力之间的关系是分离的，即生态效率为经济社会发展的价值量和资源环境消耗的实物量的比值。吕彬等（2006）则指出，生态效率是经济效率与环境效率二者的有机统一，并在微观和中观的发展规划中糅杂了宏观层面的生态效率概念，为政策制定者提供了重要参考。

由上述文献分析可知，对于生态效率的内涵学者们尚未形成一致结论。但学者们普遍认为，生态效率是在经济运行中环境要素投入与产出的比率，生态效率的研究的主要目的是实现环境与社会协调发展。

1.2.1.2　生态效率的评价方法

生态效率的评价方法是学者们关注的重要领域。如何采取更为有效的办法使得对生态效率的评价更合理、更科学是当前急需解决的问题。国内现存的生态效率评价方法可以归纳为以下四种：

（1）经济—环境比值评价法

在生态效率的众多定义中存在着共性，即均涉及经济价值和环境影响两个方面。因此，学者们以生态效率含义为基础，探索了生态效率的比值评价方法。OECD（1998）认为，生态效率还可以从宏观层面进行测度，收入和产出是影响结果的两个重要因素，公式可以定义为：生态效率 = 产品和服务的价值/环境影响。肖特嘉和布里特（2000）认为，生态效率是产出与环境影响增加值的比值，生态效率 = 产出/环境影响增加量。此外部分学者打破上述公式的思维定式，提出了生态效率的另一种计算方法。穆勒和施图恩（2001）认为生态效率能够表示为环境影响和价值的比值。

（2）生态效率指标评价方法

指标评价方法是一种广为人知的生态效率评价方法，联合国国际汇集和报告准则（UNCTCIS）总结了包括初级能源消耗量/增加值、用水量/增加值、气体排放量/增加值、固体和液体废弃物量/增加值、臭氧层气体排放量/增加值五个生态效率指标。达尔斯特伦和艾肯（2005）设置了包含资源生产率、资源效率以及资源强度在内的 3 个二级指标，11 个三级指标对英国钢铁和铝制品行业的生态效率进行了实证评价。戴铁军、陆忠武（2005）认为可以根据行业和企业的异质性特征选取不同的指标对生态效率进行评价，但原材料强度、能耗强度以及污染物排放为常用的 3 个指标。刘晶茹等（2014）构建了包含结构性指标、功能性指标和过程性指标在内园区复合生态效率评价指标体系。

（3）参数分析方法

生产函数法和随机前沿生产函数是参数分析法的主要内容。其中生产函数法是典型的参数方法。柯布—道格拉斯生产函数、常替代性生产函数以及超越对数生产函数是最常用的生产函数形式，在实例应用中常增加竞争性均衡、规模收益不变和中性技术进步等假设。艾格纳、洛弗尔和施密特提出了随机前沿生产函数方法的理论基础，以测算生态效率。在采用传统生产函数模型的基础上，该方法将污染物作为非期望产出加以处理和测算生态效率。法勒（1993）也用此方法测算了环境影响的效率和影子价格。

（4）非参数分析法

数据包络分析法（DEA）是最常用的非参数分析法，在生态效率评价中 DEA 方法的应用重点在于污染物排放物的处理上，即如何处理非期望产出，学者们对于污染排放物应当作为投入还是产出的问题存在争议。非参数分析法主要分为曲线测度评价法、污染物投入处理法、数据转换函数处理法以及距离函数法四类。法勒（1989）将环境影响看作非期望产出，创建了曲线效率的测量方法，并建议使用非参数数学规划方法即 DEA 法，计算曲线效率。刘丙泉等（2011）以 2000～2009 年中国 30 个省份数据为基础，构建了包含资源消耗、环境污染以及地区 GDP 在内的区域生态效率评价指标体系，以 DEA 方法为手段，对中国区域生态效率进行了测算。研究结果表明，2000～2009 年，我国整体生态效率呈稳定上升趋势，但存在明显区域差异性的特征。成金华等（2014）利用 2000～2011 年统计数据，运用超效率 DEA 模型对我国 30 个省份的生态效率进行了测算，并在此基础上运用空间计量模型对中国省域生态效率的演化格局进行了实证分析。任宇飞、方创琳（2017）以京津冀城市群县域为单元，利用细颗粒物、二氧化氮遥感反演等数据为基础，构建了资源投入—经济效益—环境影响的符合生态效率评价指标体系，并利用非期望产出 SBM 模型测算了县域生态效率。

除了上述提到的主要生态效率评价方法外，其他学者也提出了生态效率的定量评价手段，如荷兰大学建立的生态成本价值比率模型，黑尔韦格（2005）通过环境成本效率对生态效率进行评价。总之，生态效率的定量评价方法具有多样性，可以根据研究范围、数据的可得性选取适当的评价方法。

1.2.1.3 生态效率应用研究

对生态效率的应用研究，国内外学者主要侧重于产品、企业、园区、行业以及区域五个层面，继而不断延伸至与产品生产有关的所有环节，包括生产技术、废旧产品的处理等。于斯曼（2004）认为，生态效率的计算结果是制定废旧电子产品回收系统的绩效评价的有效支撑。帕克（2006）对废旧洗衣机的生态效率进行分析。此外，大量学者也针对各类企业的生产过程进行生态效率评价，并取得了实质性的研究成果。产业园区是我国重要的产业组织形态，是随着一定区域范围内企业的集聚现象而产生的。但园区生态效益不断提高的同时生态环境状况却不容乐观。园区层面的生态效率测算可以从价值创造、生态环境以及生态管理三个维度进行分析。目前产业生态效率评价涉及采矿业（Gavin，2000）、钢铁和铝制品业（Dahlstrom，2005）、石化和造纸业（姜孔桥，2009）、电力和电子制造业（吕彬，2010）等行业。关于生态效率区域层面的研究仍在探索与研究中。

由上述文献综述可知，目前对生态效率的研究已有一定的基础，特别是在其概念、应用领域与定量评价方法等领域的研究较多，这为本书的研究提供了一定基础。但目前研究主要集中于产品、企业与园区层面，对城市层面生态效率的研究还有待于完善。

1.2.2 产业与城市生态效率

同一产业或不同产业的企业高度集中在某一区域范围内，将会引发多种生产要素在该区域的有效集聚，由此形成的产业集聚将会优化生产力布局，并形成具有可持续竞争优势的经济群落。产业集群具备以较少的资源消耗和较低的环境代价，获取最大经济产出和最小废物排放，从而具备实现经济、环境和社会综合效益最大化的能力。顾强（2006）指出产业集群的类型、发展阶段、集聚水平等因素都会对生态效率产生影响。不同的产业集聚类型会使用不同的资源，进而对生态环境造成的影响也存在差异。"清洁型"产业集群能够使用环境友好型的原材料、人力资本状况，能够减少向环境中排放废弃物的种类与数量。"非清洁型"产业集聚是指消耗大量资源或向环境中排放大量废弃物的产业集群（见表1-4）。产业集群的发展过程可以划为三个阶段，一级产业集群阶段，生产技术水平较低，产业链条单一，因此此时资源利用水平较低。二级产业集群阶段，要素积累程度增加，环境规制能力也不断增强，相对一级产业集群阶段生态效率水平会显著提高。三级产业集群阶段内会形成完善的资源利用网络，污染物的数量将会下降，生态效率明显提高。张雪梅、罗文利（2016）以西部地区为例，选取2001~2014年的省际数据为基础，利用Tobit模型在对产业集聚超水平进行测算的基础上分析了其对区域生态效率的影响作用及程度。

表 1-4 　　　　　　　　"清洁型" 和 "非清洁型" 产业集群

产业集群	"清洁型" 产业集群	"非清洁型" 产业集群
资源、能源投入	使用清洁资源、可再生资源、环境材料、人力资本的作用明显	使用不可再生资源、非环境友好型材料
环境压力	环境友好型	对生态系统扰动大
生态效率	较高	较低
所属产业	第一产业、第三产业以及部分工业	一般集中于第二产业

目前关于产业集聚与生态效率的相关研究较少，可以分为两大类，一是对产业集群、园区或经济带生态效率的测算；二是集中于金融产业集聚与生态效率的相互关系研究。刘宁等基于主成分分析法，构建了产业共生系统生态效率的指标评价体系，对苏州高新区、苏州工业生态工业园和无锡新区生态工业示范园区三个园区为实例对生态效率进行了测算与分析。孙欣等（2016）和游达明等（2016）均采用超效率 DEA 模型分别对长江经济带各省市的综合与工业生态效率进行测算。刘习平、盛三化（2016）扩展了 STIRPAT 模型，测算了中国 286 个地级及以上城市 2003～2013 年的产业集聚度、城市污染综合指数和环境规制水平，并对城市产业集聚对环境影响进行了分析，研究结果显示城市产业集聚对城市环境的影响成 U 形演变规律。焦剑雄（2014）运用空间计量经济学方法，从省域和地级市两个空间区域维度，对全国各区域的金融集聚、经济增长与生态效率进行了实证分析。吴井峰（2016）利用主成分分析法、超效率 DEA 以及空间相关分析等方法，以 2009～2013 年的省市相关数据为样本，通过构建空间滞后模型对金融集聚与区域生态效率的关系进行了实证分析。

专业化是指在区域生产过程中，各部分逐步专注于各自负责的部分任务的过程。地区生产专业化是将各部门的专业化应用到区域层面。目前对产业专业化的研究主要集中于区域产业专业化程度的测算、演变规律和产业专业化对区域经济增长的关系研究两个方面。李学鑫（2008）以 1992～2005 年中原城市群相关数据为样本，从区域和地方两个层面剖析了中原城市群产业专业化与多样化分工的演进状况和发展现状。张建华、程文（2012）将地区产业专业化定义为某一地区的生产要素集中配置在某些产业部门从而少数产业部门贡献了该地区总增加值（或总就业）的大部分，并引入基于回归不平等分解方法对地区产业专业化影响因素的重要性进行排序，探讨了中国各省及东中西部地区产业专业化的 U 形演变规律。石东伟、何永芳（2011）以中国地级及以上城市市辖区的 2006～2008 年数据为基础，检验了产业专业化、产业多样化对不同规模城市经济增长的影响。姚德文、孙国锋（2016）基于长三角地区 1986～2012 年的面板数据为基础，探讨了产业专业化对城镇化的影响，认为区域产业专业化显著促进了城乡劳动力的转移，加速了城镇化进程。但关于产业专业化与城市生态效率相关内容的研究相对较少。

1.2.3　人口与城市生态效率

现代城市人口规模的扩大、人口密度的增加带来了环境污染、交通拥堵等诸多问题，导致了城市综合功能和整体效益的下降，甚至引发城市经济社会发展与生态环境系统的尖锐矛盾。过度的人口积聚会给城市的正常运行与健康发展带来严重的负面影响。城市功能定位和发展战略目标、经济发展水平、产业结构、资源利用状况、环境承受能力都会对城市适度人口规模产生影响。

人口与碳排放、绿色经济增长的相互关系是该领域的研究热点。包正君、赵和生（2009）探索了城市适度人口规模的影响因素，通过对南京生态足迹和生态承载力的计算对南京人口规模的生态容纳量进行了研究，并对南京城市人口目前存在的问题及未来的发展提出了相关政策建议。焦若静（2015）以 1990～2009 年新兴经济体国家的面板数据为样本，分析了不同人口规模下城市化与环境污染的相关关系。付云鹏等（2016）基于 2001～2010 年中国 30 个省份的省际面板数据为基础，以 STIRPAT 模型为理论基础分析了人口规模、城市化率、家庭户规模等人口因素对二氧化碳排放量、工业"三废"排放量产生的影响效应。

综上可知，关于人口与城市生态效率的相互关系研究较少，多侧重于人口与区域或城市碳排放方面的分析，且研究结果也存在一定的差异性。这为本书从人口规模与人口密度两个视角对生态效率提供了研究基础。

1.2.4 城市的空间集聚与城市生态效率

空间经济学认为，一个地区的某种经济地理行为常常受到邻近地区经济行为的影响，因而往往会呈现出一定程度的空间依赖或空间相关特征（Anselin，1988），城市生态效率也不例外。国外学者分别从不同的角度，对生态效率和环境变化的空间集聚特征进行了研究。例如，在城市集聚和生态环境的关系方面，通过建立空间自相关模型，研究生态效率的空间溢出效应，探索不同地区对相邻地区生态环境的影响（Hosseini，2013）。或研究本地环境怎样受到相邻地区的影响，如麦迪逊（Maddison，2011）利用1990~1995年的污染物排放数据进行空间集聚效应研究，通过建立一个改进的 EKC 曲线，发现环境污染会受到相邻地区的影响，说明了某一地区减少自身污染物排放的政策，很可能会使周边地区的环境恶化。或研究不同要素的空间溢出效应对生态影响，如经济增长（Rey，2001）、FDI（Blonigen，2004）、产业结构（Camarero，2013）等。

国内学者已经开始考虑空间溢出效应对各区域生态效率的影响作用，然而，现有文献对空间效应的研究多从省域层面的视角展开。如吕健（2011）通过空间相关检验和空间回归模型，利用中国31个省份的数据研究了环境污染对经济增长的影响，发现环境污染具有显著的空间溢出效应。同样基于省际层面的数据，管（Guan，2016）利用空间计量模型检验了不同省份能源生态效率的空间溢出效应及其影响因素，发现中国的生态效率具有显著的空间集聚特征，且相邻地区的空间溢出效应明显。马丽梅、张晓（2014）运用空间计量方法，探讨中国31个省（市、区）本地与异地之间雾霾污染的交互影响问题以及经济变动、能源结构影响，发现雾霾污染存在显著的空间正相关性，城市污染的高聚集区分布在京津冀、长三角以及与这两大经济增长极相连接的中部地区，认为产业转移是其重要原因。陈真玲（2016）利用 DEA 方法，测算了2003~2012年我国30个省份的生态效率值，进一步建立空间杜宾模型，研究了生态效率的平均溢出效应，发现产业结构、技术水平是影响生态效率空间溢出效应的主要传导途径。蒋伟、刘牧鑫（2011）利用2007年中国275个地级及以上城市的数据，对纳入和空间相关性的 EKC 扩展模型进行了实证检验发现，EKC 倒 U 形曲线是否存在，在很大程度上取决于污染指标以及估计方法的选取，而且空间相关是影响城市环境质量的重要因素，即一个城市的污染物排放受到邻近城市的影响。

1.2.5 相关研究评述

上述从生态效率、产业与城市生态效率、人口与生态效率三个方面，系统地回顾并分析了已有的相关研究成果，其中产业、人口与生态效率的相互关系是研究的重点。相关学者们为此做出了不懈的努力，为本书研究的开展奠定了坚实的基础。但相关研究仍存在有待进一步拓展深化之处，主要表现在以下四个方面：

第一，对生态效率的理论分析有待深入。国内外学者对生态效率的概念、评价等方面的研究已有一定的基础，但对生态效率的理论研究相对缺乏，尤其是从城市层面的拓展深化有所欠缺。此外，目前国内对生态效率的研究还主要集中于用来反映资源环境与经济增长之间的关系、解释生态系统的各组成部分是否合理等方面，对区域尤其是城市生态效率的研究还没进行全面与系统的深入探讨。因此，系统的、完整的生态效率分析有待进一步深化。

第二，生态效率的评价体系与实证手段有待进一步完善。首先，文献中对生态效率的评价方法及评价指标多从其内涵出发进行设计，对生态效率定量分析的方法尚未统一，另外，不同层面生态效率方法选择的立足点也存在差异。其次，在生态效率测算中，要素的经济价值以及环境影响具有一定的时间效应。目前对经济要素的时间效应可以通过折现率进行化解，但对环境影响的时间效率却很少关注。因此，在生态效率中如何考虑环境影响的时间效应是急需解决的问题。

第三，分析层面与作用机理的分析不足。从产业、人口两个角度分析城市生态效率的微观理论机制研究不足。目前国内外很少有研究将产业集聚、产业专业化、人口规模、人口密度与城市生态效率纳入统一分析框架内，分析产业、人口是如何影响城市生态效率的。虽然鲜有一些实证研究分析了二者之间的关系，但对二者的作用机制分析也相对缺乏。基于此，本书研究基于生态经济学理论、资源与环境经济学理论、产业集聚理论和适度人口理论，以实证手段为依据，对产业、人口对城市生态效率的影响机理进行分析。

第四，对生态效率的已有研究往往忽视了城市的空间溢出效应，忽视这种空间作用因素将会导致模型估计的偏误。而且现有文献中，有关空间溢出效应的研究多从省域层面展开，只能对我国生态效率的空间效应做出大致描述，未能清晰说明城市生态效率的空间集聚特征。为了克服外部性偏误，更准确地说明城市自身生态效率变化对周边地区的影响，本书在考虑生态效率与产业集聚、人口集聚关系时，将地理空间因素纳入分析框架，利用空间计量模型进行定量研究，并对空间溢出效应进行验证和测算，对过往研究中的一些不足之处加以弥补和初步完善。

1.3　研究内容及方法

1.3.1　研究目标与思路

由上文可知，产业集聚、人口集聚和空间溢出与城市生态效率研究对充分发挥集聚效应在推动城市绿色发展进程中的作用极其重要。本书的目标在于考察资本、劳动力和城市要素的集聚对城市绿色发展的重要作用，从而能够最大化地发挥产业集聚、人口集聚的集聚效应和生态效率的溢出效应。

第一，试图构建分析产业集聚、人口集聚和空间溢出与城市绿色发展的理论模型。首先简要介绍产业集聚、人口集聚、城市的空间集聚和可持续发展等相关理论，并依次分析产业集聚对城市生态效率、人口集聚对城市生态效率以及城市生态效率的空间溢出三者之间的作用机制；其次，基于改进的两部门生产模型、非线性门槛分析模型、空间关联模型，探究不同的资本、人口和城市的产业集聚、人口集聚组合对城市生态效率的影响作用。

第二，试图利用实证方法检验产业集聚、人口集聚对城市生态效率的作用关系。利用 SBM 方向性距离函数模型的数据包络方法，较客观精确地测度了城市环境效率，通过科学设计的模型和择优选取的变量，分别探讨了城市绿色发展与产业集聚优化、人口集聚优化之间的关系，探讨不同城市规模、不同人口密度以及不同产业集聚形态下的最佳城市生态效率组合，进一步探究产业集聚、人口集聚的结构优化与城市绿色发展的经验证据。

第三，试图助力产业集聚、人口集聚和空间溢出与城市绿色发展政策体系的进一步完善。通过前几部分的作用机制分析和实证检验结果，探求不同城市规模和不同地域分布的城市所适合的最优产业集聚、人口集聚和空间组合政策，充分发挥环境规制在推动城市绿色发展中的积极联动作用。

为实现以上目标，本书从可持续发展理论、产业集聚理论、人口集聚理论和城市的空间集聚理论出发，以两部门生产模型非线性门槛分析模型和空间关联模型为基本分析框架，分别分析了产业集聚、人口集聚对城市生态效率的影响以及城市生态效率的空间关联的作用机制，奠定本书的理论基础；其次，利用 2003 ~ 2015 年我国地级市面板数据，对三者的影响关系进行实证检验，并依据检验结果，提出实现城市绿色发展的针对性政策建议；最后，给出了结论和总结，并陈述了不足之处和研究展望（见图 1 - 14）。

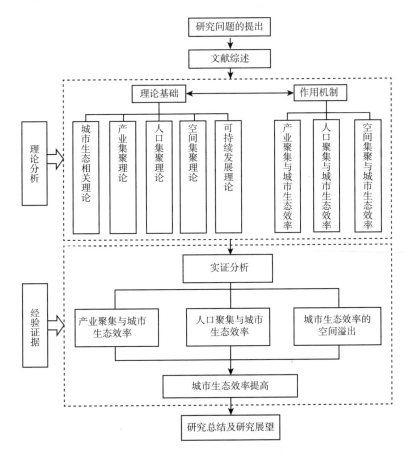

图 1 - 14　本书研究结构

1.3.2　研究内容与方法

1.3.2.1　研究内容

本书以城市化进程中的产业集聚、人口集聚和空间溢出为研究背景，分别研究了产业集聚与城市生态效率的关系、人口集聚与城市生态效率的关系以及城市间的生态效率溢出，利用 SBM 方向性距离函数模型、非线性门槛效应分析和空间回归模型作为研究方法，主要内容如下：

第 1 章绪论。分别对选题背景及意义、相关概念界定、研究框架和方法以及可能的创新与不足等进行了简要介绍，并做了文献综述。首先，从我国当今生态恶化与经济发展之间的尖锐矛盾出发，回顾了城市生态环境不容乐观的现状，提出了发挥集约效应，提高生态效率的急迫性和必要性。其次，概述了追溯生态效率的起源，在总结吸纳前人对产业集聚、人口集聚和空间溢出与城市生态效率研究成果的基础上，提出了可能的改进之处。最后，简述了主要内容和方法及可能取得的创新。

第 2 章产业、人口和空间对城市生态效率的影响。首先，阐释可持续发展理论、产业集聚理论、人口集聚和城市空间集聚理论，奠定了本书研究的理论基础。其次，对产业集聚、人口集聚、生态效率和空间溢出等概念做出了定义和界定。最后，从产业集聚、人口集聚和空间溢出三个视角分析了三者对城市绿色发展的作用机制。

第 3 章中国的城市发展与生态效率。从人口规模、人口密度的角度简要介绍了我国城市发展的时空演变和现有特征，分析了如今城市发展所遭遇的瓶颈和困惑，并初步构建了用于测算我国地级市的生态效率的 SBM 方向性距离函数模型。大体描述了我国城市生态效率的总体特征，并从区域和规模两个视角分析我国城市生态效率的特征和差异。

第 4 章产业集聚、产业专业化与城市生态效率。首先，利用 Copeland-Taylor 模型，构建产业集聚影响环境污染理论模型。其次，引入了改进的数据包络分析的 SBM 方向性距离函数方法来估算各个地级市的城市生态效率，作为模型的被解释变量，基于此建立了产业集聚以及产业化对城市生态效率的影响作用模型，得到两者之间的正向关系，并分析比较了东中西部等不同空间这种正向效应的差异性。解析了产业集聚和产业专业化对城市生态效率的影响作用问题。

第 5 章人口集聚与城市生态效率。首先，利用非线性门槛模型，分别研究了人口规模对城市生态效率的门槛效应、人口密度对城市生态效率的门槛效应，发现城市人口规模、人口密度与城市生态效率之间存在双重门槛。其次，在对全国总体分析的同时，还对东中西部等不同空间维度门槛效应进行了对比分析，得出不同人口规模、不同人口密度对生态效率的门槛效应存在着显著异质性。最后，针对人口规模、人口密度两个维度的差异，给出有利于城市生态效率提高的人口发展手段建议。回答了人口集聚对城市生态效率的影响作用问题。

第 6 章空间溢出和城市生态效应。首先，从全国层面对我国地级市的空间关联特征进行分析，对我国生态效率的空间格局进行检验。其次，在上述研究的基础上，以 STIRPAT 模型为理论基础，结合空间回归模型分析要素空间关联特征，进一步完善城市间的空间关联模型和空间溢出模型，检验了城市及其周围区域是否存在空间关联性。最后，从地级市的生态效率协调发展状态，以及从大气污染等角度出发对生态效率进行了评价。回答了城市生态效率溢出存在与否与影响大小问题。

第 7 章研究结论与展望。梳理总结了本书研究的结论，以及对后续研究的展望。

本书研究可为我国城市化发展的设计和规划提供相关理论和参考依据，并为现有产业集聚和人口集聚的合理化转型提供一定的理论支持。

1.3.2.2 研究方法

根据研究需要，本书拟采用的主要研究方法有：

第一，文献归纳和演绎法。通过对前人的研究成果的归纳和总结，梳理了产业集聚与生态效率、人口集聚与生态效率方面以及城市生态效率外溢效应的研究，针对已有研究在测度方法、模型构建、变量选择等方面的不足提出了可能的改进之处。

第二，规范研究法。在生态经济学理论、可持续发展理论和资源与环境经济学理论的基础上，初步构建分析生态效率的理论基础；基于城市经济学理论以及产业集聚理论，初步构建产业集聚与城市生态效率影响的理论基础；基于适度人口理论，初步构建人口集聚对绿色城市生态效率影响的理论基础。

第三，非参数分析法。利用 DEA 分析法，充分考虑了生态效率的本质特性，将其视为一个投入—产出系统，同时 DEA 不需要预先假定具体的生产函数，不受单位量纲影响，进而可以避免因函数设置和指标权重确定而造成的结果偏误。为了使用 DEA 方法衡量包含非期望产出的经济效率，本书采用了基于松弛的非径向、非角度的 SBM（slack-based measure）模型。为此，将环境损失纳入评价体系中，采用 SBM 方向性距离函数模型估算各个地级市的城市生态效率。

第四，对比分析法。首先，测算了中国地级市的人口规模、人口密度，并进行了比较分析。其次，利用泰尔指数测算了各个地级市的生态效率，将全国各个地级市的样本根据区位划分为东部、中部和西部三个部分，进行不同区域的生态利用效率的对比分析，对于不同区域制定的环境政策具有指导性作用。最后，把非期望产出纳入评价体系的生态效率与传统的经济效率进行了差异化分析，以突出生态效率的科学性。

第五，统计归纳法。为克服使用省级面板的片面性，注重研究结果的针对性和适用性，突破省级面板数据的范畴，收集整理了我国280个地级市的数据资料，以测算城市生态效率，并对相关指标的总体特征和演变趋势进行较为详尽分析。

第六，非线性分析方法。面板门槛模型常用于分析变量之间非线性的关系。其特点在于能找出变量之间开始相互影响的关键点，并说明在关键点的前后，这些变量之间的关系如何变化。在本书中，"门槛效应"是指人口规模对城市生态效率的影响过程存在若干个关键点，只有相关变量跨越这些关键点，人口规模才会对城市生态效率的提升起到促进作用。采用 Hansen（1999）提出的面板门槛回归模型进行门槛效应检验，该方法既能估计出门槛值，又能对门槛效应进行显著性检验。门槛面板模型的核心思想是将门槛变量作为一个未知变量，将其纳入回归模型中并建立分段函数，进一步估计和检验各个门槛值。

1.3.3　创新点

本书较为系统地研究了产业集聚、人口集聚和空间溢出对于城市生态效率的影响，可能的创新有以下四点：

第一，采用了更加可靠的测度指标。采用了非期望产出的生态效率指标，测算结果更加贴近真实情况。已有研究通常从要素投入或要素产出的角度考虑生态效率问题，缺乏对环境约束和经济发展的综合考量。而利用 SBM 方向性距离函数来测度城市生态效率，不仅能够反映城市经济发展情况，同时还将非期望产出也包含其中。因此，对关键指标的测度有助于获得较为真实可靠的经验结果。

第二，探讨了不同人口规模、不同人口密度对城市生态效率的门槛效应。不仅关注了不同区域内人口集聚对生态效率的影响，从区域层面发现人口集聚与生态效率之间存在显著的双重门槛；而且进一步分析了不同规模下人口密度对城市生态效率的影响作用，发现不同人口规模下人口密度与生态效率之间的门槛效应存在显著的异质性，有助于更好地理解区域差异和规模差异。

第三，并非笼统地研究产业集聚对生态效率的影响，而是根据产业集聚形态的不同，将其细分为产业专业化和产业多元化，分别从两个角度探讨了与不同类型城市之间的相互作用关系。发现产业专业化与产业多元化对城市生态效率具有显著的促进作用，而且这种促进作用在西部地区和小型城市之间更大，且产业集聚与城市生态效率之间理论上呈倒 U 形关系。

第四，考虑集聚带来的外部性，将研究视角扩大到空间层面。过往对于生态效率的空间集聚效应研究文献大多采用省级数据，而本书则利用地级市的面板数据，通过空间自相关分析发现，我国地级市之间存在正的空间集聚效应，且集聚态势随着时间推移逐渐增强；从空间溢出效应的角度分析，各城市单元的生态效率不仅与该区域内产业集聚、人口集聚显著相关，同时也受到周围相邻区域的产业结构、社会经济发展水平等因素的影响。

第2章
产业、人口和空间对城市
生态效率的影响

2.1 相关理论分析

2.1.1 城市生态的相关理论

2.1.1.1 生态经济理论

生存与发展是人类社会永恒的主题。自 18 世纪开始工业革命以来，经济快速发展，环境问题也不断出现，人与自然间的矛盾不断加剧，迫使人们对以往经济发展方式提出了质疑。从 20 世纪 60 年代起，人口规模不断增加、资源开采过度，引发了人口危机、能源危机等问题。人口规模的急剧增长、资源的过度开采，导致人口危机、能源危机、资源枯竭和生态退化等问题接踵而至，人类、生态与经济之间不协调现象严重阻碍了经济的持续、稳定、健康发展，全球性的生态环境问题日益凸显。在这一背景下，传统生态学与经济学已无能为力，生态经济与可持续发展的思想应运而生。20 世纪 60 年代后期，肯尼斯·鲍尔丁在《一门科学：生态经济学》这一论文中正式提出了"生态经济学"理念。随后，关于生态经济问题的各种论著相继出现，生态经济学理论也随之兴起。

生态经济学是一门具有边缘性、应用性特征的生态学与经济学的交叉学科。生态经济把人类社会发展和生态环境、经济系统和生态系统各要素联合在一起，是一种遵循生态学原理和经济社会发展规律的经济理论，其核心是生态环境与经济的协调发展。罗伯特·科斯坦塔（1989）指出，生态经济学是一门全面研究生态系统与经济系统间相互关系的科学。生态经济将实现经济与环境的协调发展作为主要研究目的，认为在注重经济发展的同时也要保护子孙后代获得平等发展的权利，注重代际间的公平。生态经济理论以经济的可持续发展为思路推动经济社会稳定、健康发展的同时将生态系统纳入其中，寻求两者之间的协调发展，达到经济发展与生态环境的平衡，使社会效益、生态效益和经济效益趋于一致。因此生态经济学不仅能够解决经济发展过程中产生的环境问题，也能够实现经济与生态环境的包容性发展。生态经济学的研究对象是生态系统与经济系统相互作用、相互渗透的综合系统的运行机制，它用来指导人类的实践活动，追求经济发展与生态环境之间的平衡，实现经济与生态环境的协调发展。生态经济理论具有时间性、空间性和效率性三方面特征。时间性是指在人类社会的发展过程中，要考虑子孙后代的利益，实现资源的可持续发展利用，为后代保留足够的生存空间，使其能够获得同样的发展机会；空间性是指区域间要实现资源环境的共享，在满足自身需求的同时不能损害其他区域利益，实现资源在空间区域内的可持续发展；效率性是指依靠科学技术的进步，优化资源配置，最大幅度地降低单位产出的资源消耗，提高资源利用效率。生态、经济和社会是生态经济学三个子系统，它们三者相互作用、相互制约，通过能量、信息以及实现物质流动与传递，在演进过程中逐步实现生态经济学的动态均衡。

传统的生态经济学是应用经济学的重要组成部分，它在生态学、经济学等理论的基础上结合系统论的思想，探索社会生产过程中的物质循环以增强社会系统与生态系统之间的相互关系。它要求人类社会在遵循客观经济发展规律的同时也要遵循自然规律，因此赋予了人类行为的自然属性。

自生态经济学兴起至今，众多学者围绕其发展方向、研究方法和应用领域等方面展开了大量探讨。西方生态经济学理论经历了如下三个发展阶段：

（1）生态经济学理论萌芽阶段（20 世纪 60 年代末～70 年代末）

20 世纪之前，生态与环境之间的问题主要体现在人口与粮食等方面，主流经济学缺乏对环境制约经济发展问题的正确认识。第二次世界大战后，粮食匮乏、生态退化、能源危机以及资源短缺等生态与经济发展问题之间矛盾的日益加剧，引起了人们对传统经济发展方式的深刻反思。1962 年美国经济学家莱切尔·卡逊发表《寂静的春天》，第一次揭示了近代工业发展对生态系统造成的破坏性影响，客观上推动了人类对环境问题的不断关注。越来越多的经济学家开始认识到传统经济学的局限性。在此背景下，生态学与经济学的交叉发展，环境经济学、资源经济学等学科不断兴起并获得迅速发展。1968 年，美国经济学家肯尼斯·鲍尔丁在论文《一门科学：生态经济学》首次正式提出了生态经济学的概念，并对环境污染、资源利用等问题进行了原创性探讨，标志着生态经济学真正成为一门独立的学科。

（2）生态经济学理论飞速发展阶段（20世纪70年代末~80年代末）

该时期涌现出了大量关于资源、环境与经济发展方面的研究成果，并引发了全球范围内的广泛辩论。学者们对环境与经济发展之间的相关关系提出了多种观点，可大致划分为三种学派，分别为"悲观派""乐观派""中间派"。"悲观派"以"罗马俱乐部"为代表，该学派认为资源问题、环境污染和生态平衡是长期困扰人类发展的主要问题，经济发展和人口增长会是导致出现生态危机的首要原因，社会经济和人口的增长存在极限，因此主张对增长实施一定限制；"乐观派"认为我们应当保持经济增长的势头；"中间派"认为人类要现实的对待、正确的分析和解决面临的问题。总之，人类普遍认为社会正面临着经济发展和生态环境方面的严重问题，生态经济理论的出现顺应了时代发展的需要。

1988年在50多位科学家的努力下成立了国际生态经济学学会（ISEE），并于1989年创建并发行了刊物 *Ecological Economics*，成为生态经济学研究领域的重要里程碑，也标志着生态经济学理论的发展进入了一个新的阶段。

（3）生态经济学理论成熟阶段（20世纪90年代至今）

20世纪90年代初，学者们在可持续发展理论的基础上探索经济发展与生态环境的相关关系，并将其纳入生态经济理论的框架内，促进了生态经济学理论的创新性发展。该时期，可持续发展和生态经济学理论受到各国学者密切关注和高度重视。2011年被誉为"环境运动宗师"的美国教授莱斯特·R.布朗在《生态经济：有利于地球的经济构想》一书中提出了生态系统包括经济系统。该思想为生态经济学的研究提供了新的视角。20世纪90年代中期以来，生态经济学理论由定性分析逐渐走向定量分析，极大地扩展了生态经济学理论的生命力，增强了其理论的应用性。在生态经济理论的演化过程中，理论观点呈现出多样化的特点。研究方法和分析工具的日益丰富成为生态经济学理论研究的新趋势。

2.1.1.2 城市生态的有关论述

城市生态学起源于20世纪70年代，迫于人口压力、环境恶化、资源短缺等问题，1972年联合国第一次人类与环境大会提出可持续发展的理论，并对城市生态系统的环境管理问题进行了阐述。自此，在生态经济学理论的基础上，逐渐形成了城市生态系统理论。据此可以认为，城市生态学以生态学理论为基础，利用生态学的方法研究城市的结构、功能等，以推动城市生态结构的调整优化，提高物质和能源利用率，从而实现城市生态环境得到改善和城市可持续发展的一门学科。

城市生态系统理论的发展可以分为三个阶段，分别为理论萌芽阶段、独立阶段与成熟阶段。城市生态系统以人类生活与生产为中心，是由居民与城市环境组成的自然、社会、经济复合生态系统。该系统具有人本性、复杂性与功能不完整性三方面特点。

2.1.2　产业集聚理论

2.1.2.1　城市经济学的有关理论

在城市经济理论中外部规模经济，即集聚经济由于外部性的存在而产生并促进生产集聚，但是拥挤、土地成本等因素会促使生产分散，生产集聚的最佳规模是多种因素相互平衡的结果。对外部性集聚经济的研究主要集中于两个方面，一是对集聚经济的来源，即外部性的形成机制的分析；二是对各产业集聚经济的存在性、存在形式进行检验。产业集聚能够从产业、空间以及时间维度进行衡量，并强调本地化经济和城市化经济。

2.1.2.2　产业空间集聚理论

产业集聚是在特定区域内经济发展过程中出现的具有某种共性或互补性的产业所表现出来的一种空间集聚现象。产业集聚为各种生产要素在某一区域集聚，形成相互关联的产业网络，从而实现生产互补、资源共享、生产成本降低，导致规模经济和外部经济效应、实现资源利用率的提升。产业集聚的基本属性是"集聚性"和"相关性"，其本质特征是某些产业在区域上的集中和集聚。

1890 年马歇尔开启了对产业集聚现象研究的先河。与此同时，工业区位理论的奠基人韦伯利用单一厂商的区域地址决策模型区分了产业空间集聚的"集聚因素"和"分散因素"。此后，学者们从不同的学科领域围绕产业空间集聚的概念及内涵、集聚机制以及集聚效应等问题进行了广泛的探讨，并涌现了多次理论研究的高潮。产业集聚的形成是由多种因素综合作用的结果，具体可以归纳为区位优势、规模经济与外部性、相关产业的支持、外商直接投资以及政府作用五大因素。产业集聚作为经济活动主体在区域空间的选择结果，体现了经济主体之间在空间趣味上相互选择的某种策略均衡，其产生与发展遵循资源在空间配置上的某些规律和特征。因此，从空间经济主体策略选择视角对产业空间集聚产生和演化进行研究是十分必要的。

根据产业集聚理论的发展历程，可以将其形成和发展大致划分为以下三个阶段。一是产业集聚萌芽时期（19 世纪 90 年代~20 世纪 50 年代）。该时期强调降低运输成本并获取规模效应是集聚的主要动力，具有代表性的理论包括马歇尔的产业区理论、韦伯的集聚经济理论、熊彼特的创新产业集聚论、佩鲁的增长极理论。二是产业集聚形成时期（20 世纪 70 年代~90 年代）。该时期形成产业集聚的主要动力是为了追求更低的交易费用。随着经济全球化以及区域经济一体化进程的不断推进，产业集聚的静态优势转换到全球竞争的动态优势中。该时期更加突出强调产业集聚产生的竞争优势在促进区域经济发展过程中发挥的重要作用。具有代表性的理论包括新产业区理论、新产业空间理论、克鲁格曼的新经济地理理论、波特的新竞争经济理论。三是产业集聚发展时期（20 世纪末至今）。该时期主要强调科学技术、文化、人才、创新等要素对产业集聚的重要作用。

目前，产业空间集聚已经成为区域经济发展过程中出现的主导现象，存在内外部规模经济、增长极、知识溢出以及创新等诸多效益。例如，胡弗指出产业集聚存在最佳规模，集聚企业较少、集聚规模较小或集聚企业较多、集聚规模较大的情况下都会使集聚效应不能充分发挥；帕利夫和王认为产业集聚能够促进企业获取内部规模经济、外部规模经济以及知识溢出等优势。

2.1.3 人口集聚理论

2.1.3.1 城市经济学的有关理论

从劳动分工角度解释城市出现的所谓"古典城市与劳动分工说"是最早的

城市经济学流派。古希腊经济学家色诺芬从分工的视角对人口集中与产品开发之间的关系出发，认为人口集中是城市出现的先导。在斯密《国富论》中，劳动分工和专业化对城市经济发展具有重要意义这一思想得到了进一步完善。著名经济地理学家迈达尔指出，市场经济国家中会出现城市人口的大量集聚现象，从而导致产业在某一地区的集聚。人口集聚与扩散理论诠释了区域形态和空间结构的重要关系，有助于理解区域空间结构特征及演变。

现代城市人口的高度集聚是城市经济繁荣与社会发展迅速的标志，但人口集聚的同时也容易带来一些问题，例如，环境污染、交通拥挤、就业困难等问题，进而导致经济社会发展与城市生态环境之间的冲突。

2.1.3.2 适度人口理论

（1）传统适度人口学说

1766 年，在法国经济学家安·罗伯特·雅克·杜尔哥出版的《关于财富的形成和分配的考察》一书中，提出了土地收益递减规律，即劳动或资本的增加超过一定界限后，其收益增加的比例会显现下降趋势。该原理的提出奠定了适度人口研究的基础。英国经济学家和人口学家马尔萨斯在 1798 年出版的《人口原理》一书中，提出了建立在人类自然属性基础上的两个公理，一是食物是人类生存所必需的；二是两性间的情欲是必然的。以此为基础，马尔萨斯提出了积极抑制和道德抑制两种控制人口增长的手段。1848 年，穆勒在其出版的《政治经济学原理》中指出，人口增长的同时会扩大对食品的需求，如果不能及时提高生产力，那么所获得的人均食物量也会相应减少，因此人口与生产水平之间存在着合理的比例关系。

1929 年，坎南在《经济理论评论》著作中对"适度人口"作出界定，他认为在特定的条件下，"总会存在能够获得产业最大收益的时点，数量也恰当适应环境，以致无论人口是多于或少于此时的人口，其收益（或劳动生产率）都会下降（递减），这时的人口则称之为适度人口"。瑞典经济学家克纳特·维克赛尔 1910 年在日内瓦国际马尔萨斯主义者联盟会议上，第一次提出了"适度人口"的概念，指出人口增长对经济发展的作用会存在完全相反的两种趋势，当两种趋势相互抵消时能够达到适度人口规模。英国人口学家卡尔·桑德斯在《人口问题：人类进化的研究》一书中指出经济标准是确定适度人口数量的唯一标准。

（2）现代适度人口学说

法国人口学家阿尔弗雷·索维在前人研究的基础上，对适度人口的概念和理论进行了系统的概括和总结，他认为"适度人口是一个以最令人满意的方式达到某项特定目标的人口"。只有对"适度人口"进行定量分析，才能对现存的实际人口进行分析。将人口过程看作同经济、社会等因素综合作用而形成的整体系统及相互作用过程，为在经济、社会、环境和资源等整体框架内对适度人口研究提供基础。

2.1.3.3 城市适度人口规模

城市适度人口是能够带来最大经济效益的稳定人口，这种稳定人口与一定的生产力水平相对应。这个时候的人口数量与环境所能容纳的人口相适应，能够为社会带来最大的产出，这种状态下的人口即为"适度"人口。

人口的过度集聚会给社会带来很多问题。当城市人口规模小于环境生态的容量时，城市人口就存在继续扩张的空间；当城市人口规模大于生态环境阈限时，会给资源环境、社会经济系统带来巨大压力，超出城市承载力。过度人口集聚会对城市发展带来一定的负面影响。当城市人口规模小于城市生态环境阈限，城市则存在人口扩张的空间；当城市人口规模大于城市生态环境阈限，城市人口则对资源生态环境、社会经济系统压力超出其最大承载力，此时人口过度集聚会产生环境恶化、交通基础设施滞后等负面影响。因此，城市适度人口是城市发展研究的重要内容。

2.1.4 城市的空间集聚相关理论

2.1.4.1 城市经济学的有关理论

城市集聚在解释某个国家在某一时期的发展水平变化具有十分重要的作用。在经济发展的早期，城市集聚是有效的，但当集聚发展到一定程度，扩散力增强，出现城市产业转移现象。随着经济发展水平的提升，城市集聚水平表现为倒 U 形特征。目前国内外对城市空间集聚的研究多侧重于对理论构建与形成机制的阐述。如在新古典城市理论体系中主要关注于完全竞争框架下的研究，侧重于分析集聚经济与城市规模不经济的权衡，并把环境污染、城市拥挤以及外部经济等因素看做影响城市空间集聚的主要因素。

2.1.4.2　城市群的有关理论

城市群是一种网络化的经济空间组织，它以经济、社会、技术以及信息为一体。另外城市群还是产业集聚与扩散相互作用的产物，产业集聚对城市会产生地方化经济与城市化经济两方面的作用。根据马歇尔的集聚效应，产业集聚能够在分享、匹配与学习的过程中获取额外的收益。格莱泽等（1992）认为相同产业的企业在某一区域或城市的集聚具有规模效应，能够降低企业的生产成本、促进本地区经济的发展，并将该效应称为地方化经济（或 MAR 外部性）。将相同产业的企业在某区域或城市的集聚，即产业专业化，能够降低企业生产成本并促进企业在该地区增长的规模效应，并将该效应称之为地方化经济（或 MAR 外部性）。城市产业格局的多样化有益于产业的增长被称为城市化经济（雅各布斯外部性）。城市化经济并非来源于某一产业规模，而是整个城市的经济规模。劳动力市场、中间投入品的共享以及知识溢出效应促进了地方化经济与城市化经济出现。相似企业在某区域空间的集聚不仅能够促进知识溢出与区域经济增长，而且能够激励企业创新活动，产生范围经济与规模经济，推进专业性城市与多样化城市规模扩张、效率提升与经济增长。

但城市规模并不能无限制扩张，产业集聚发展到一定阶段会出现集聚不经济的现象，因此城市经济的发展存在产业集聚效应与拥堵效应之间的权衡。亨德森（Henderson，1974）认为城市规模与产业集聚之间存在倒 U 形关系，随着城市规模的扩张，要素成本上升、资源环境压力等因素将会加速产业扩散，出现产业转移至相邻城市，从而推进城市群的出现。

亨德森对产业集聚促进城市群效率的提升与城市经济增长做出了解释。他认为在一国或者某一区域由农业经济向工业、服务业经济转型的过程中，产业和人口在城市间的大量集聚能够提高工业和服务业的只是溢出效应，有利于提高劳动力的素质、形成高效率的劳动力市场，对于产业集聚促进城市群效率提升、经济增长的解释，维纳布尔斯（Venables，1996）提出的投入—产出关联模型以及藤田昌久和克鲁格曼（1999）的要素迁移驱动模型可以具体阐述产业集聚推动城市群经济增长的微观机制。前者则通过区域一体化协调机制实现经济的增长，后者认为能够依靠产业集聚带动企业和人口在城市集聚，即通过要素向城市集聚实现经济增长。由于城市群内包含不同的利益主体，因此分析产业集聚对城市群经济效率的影响需要将城市群产业的结构特征、竞争强度等因素纳入考虑范围。

2.1.5 可持续发展理论

2.1.5.1 资源与环境经济相关理论

（1）资源经济学理论

20世纪20年代末至30年代初，伊利与莫尔豪斯的《土地经济学原理》一书的出版标志着资源经济学研究的开端。资源经济学是关于资源开发、利用、保护以及资源与经济发展相互关系的学科，具有较强的综合性和应用性。资源经济学试图挖掘资源与经济发展之间的相互关系及内在规律，并利用该规律探寻人口、资源与环境之间的相互关系以及它们与经济发展之间的关系，以实现经济效益、生态效益和社会效益的有机统一。资源经济学以解决人类在资源利用开发过程中的经济学问题为目标，其根本目的是通过对资源的经济分析，深入分析资源的自然、社会和经济属性，有效解决资源与经济发展相互关系、资源在不同主体之间的合理配置、资源价值的评估等问题，实现资源开发和利用的最优配置，促进经济社会的可持续协调发展。资源经济学创建以来朝着两个方向发展，一是将资源学与经济学相结合，将资源纳入经济学科体系中进行研究；二是以经济学理论为基础，研究经济领域资源的优化配置问题。资源经济学具有广泛的研究内容，包含资源开发模式的选择、资源的价值评估和定价、资源承载力、资源的优化配置等问题。目前资源经济学的研究主要集中于以下几个方面：资源产权界定、资源价格及评估、资源产业化。资源经济学的研究核心是具有稀缺属性资源的合理配合和效率问题，并通过分析资源的优化配置问题为相关的管理决策者提出相关政策建议。

　　总结资源经济学的发展历程，根据指导思想的差异可以将资源经济学分为三个阶段，一是以古典自由市场理论为指导的阶段；二是注重政府管制和管理技术日益优化的阶段；三是可持续发展、新制度经济学等理论为基础，强调市场与政府相协调的阶段。根据面临问题的差异性可以将资源经济学分为四个阶段：一是 20 世纪 60 年代，该时期以石油危机为代表的资源短缺问题的出现，引发了对不可更新资源短缺和合理利用问题的广泛探讨；二是 20 世纪 70 年代，该时期在环保运动的推动下，更加关注再生资源的利用以及资源利用的环境问题；三是 20 世纪 80 年代，该时期在关注社会政治影响的背景下注重资源利用和合理配置的问题；四是 20 世纪 90 年代至今，在可持续发展思想的影响下，主张从环境生态、技术创新等方面探寻解决资源开发过程中的经济问题和经济社会发展中的资源问题的途径，该时期以资源的可持续利用为主要的研究内容。

　　经济主体如何在生态环境承载力范围内，通过利用自然资源获取最大经济利益的同时，将对生态环境的负面影响降到最低是生态效率理论的核心内容，这与资源经济学理论中资源效率至上的思想存在一致性。因此，资源经济学为生态效率研究提供了重要的理论基础。

　　（2）环境经济学理论

　　第二次世界大战后，西方各国经济获得迅速发展的同时出现了严重的环境破坏与污染等问题。1962 年美国生物学家卡森出版的《寂静的春天》一书引发了人类对环境问题的重视，促进了环境科学的产生与发展。在此背景下，20 世纪 60 年代环境经济学兴起。环境经济学是经济学与环境科学的交叉学科，它运用经济和环境学科的原理和方法，探索环境保护和经济发展之间的相互关系、人类社会经济活动和环境之间物质交换的基本规律，揭示经济发展与环境保护之间的矛盾。环境经济学的目的是在生态环境承载力的范围内改变传统经济发展方式，争取在经济活动中能够以最小的环境代价获取最佳的经济效益和社会环境效益，从而实现经济与社会环境的可持续发展。

　　新古典资源配置理论和科斯经济学是环境经济学的两个理论支柱。新古典资源配置理论分析了市场机制配置资源的效率，并为环境资源价值的评估提供了新思路；科斯经济学强调了明晰的、可实施的产权对资源配置效率的决定性作用。环境经济学的研究内容涉及污染分析及政策、全球气候变化、生物多样性、环境影响评价与环境核算等诸多方面。环境政策经济学，该领域包括对外部性、市场失灵、环境风险等问题的分析，环境政策手段具有多样性特点，如经济手段、命令—控制手段等；环境问题、环境政策及环境经济关系的空间性质是环境经济学的主要研究内容；宏观环境经济学考察经济增长与环境的相互关系；环境价值评估是环境经济学创建以来发展最快的领域，评估环境价值的目的是完善经济开发和环境保护投资的可行性分析和为制定环境政策、实施环境管理提供决策依据。

环境经济学与生态经济学具有密切联系，但又不可相互替代，在研究范畴上也存在着极大差异（见表2-1）。

表2-1　　　　　　　　　环境经济学与生态经济学的区别

项目	环境经济学	生态经济学
研究对象	环境资源的有效配置	生态经济系统的运动发展规律
理论基础	稀缺理论、效用价值理论	生态学理论、现代系统论
切入点	以环境资源由免费物品转为稀有商品	生态经济系统基本矛盾激化
分析方法	一般经济学分析方法	系统论分析方法
理论体系	以环境资源配置为中心，以环境资源的市场配置—市场失灵—政府干预—环境经济制度为线索	以生态经济系统为中心，以生态经济系统的结构—功能—平衡与效益—调控为线索

资料来源：吴玉萍，董锁成．环境经济学与生态经济学学科体系比较［J］．生态经济学，2001（9）：7-10.

（3）资源环境经济学与生态经济学

资源环境经济学与生态经济学均是在经济迅速发展、资源日益枯竭、生态环境严重破坏的背景下发展起来的。它们共同的目标是实现人类—经济—社会—资源之间的协调发展，使人类社会的发展具有可持续性。资源环境经济学以新古典方法为基础，即运用理性、边际主义、效率标准和一般均衡的方法分析问题，而生态经济学则倾向于通过多元化方法，即运用生态模型、能源熵等方法来分析问题，上述差异使得两者对增长与发展、可持续发展等问题的分析视角上存在着不同。经济增长是否可取、可行、可控？资源环境经济学认为经济增长能够提高社会福利，而生态经济学则认为相对收入的提高比绝对收入的增加更具吸引力，即收入的重新分配比持续增长对社会福利的影响更具意义；在关于经济增长可行问题的解答上，资源环境经济学相对于生态经济学来说更为乐观，对市场经济运行更具有信心；对于经济增长能否可控，资源环境经济学认为可控性是必然的，而生态经济学对于该问题没有确切的答案。对于可持续发展的问题，资源环境经济学认为可持续发展的根本就是实现可持续增长，追求资源的高效配置，而生态经济学更加追求质的提升，以提高人类福利为根本目标，而非单一追求量的增加或规模的增长（见表 2 - 2）。

表 2 - 2　　　　　　　　资源环境经济学与生态经济学的区别

序号	资源环境经济学	生态经济学
1	最优规模	最优配置以及外部性
2	可持续性优先	效率优先
3	需要的满足以及公平分配	最优福利或帕累托效率
4	可持续发展，全球以及南北世界	在抽象的模式中可持续增长
5	增长悲观和艰难抉择	增长乐观以及双赢选择
6	不可预知的共同进化	待机福利的明确优化
7	关注长期	关注中短期
8	全球的、一体化、可描述的	局部的、单一学科、可分析的
9	具体的以及特殊的	抽象的及一般的
10	物理以及生物学指标	货币指标
11	系统分析	外部成本以及经济评价
12	多维度评估	成本—收益分析
13	因果关系的综合模型	附有外部成本的应用一般均衡模型
14	有限个人理性和不确定性	效用或收益的最大化
15	地方社区	全球市场与孤立的个体
16	环境伦理	功利主义与机能主义

资料来源：Bergh J. C. V. D. Ecological economics: themes, approaches, and differences with environmental economics [J]. Regional Environmental Change, 2001, 2 (1): 13 - 23.

2.1.5.2　可持续发展有关理论

发达国家工业化进程中，社会经济在获得迅速发展的同时，对资源的掠夺性开采以及对环境的严重破坏，导致人类赖以生存和发展的自然环境不断恶化。20 世纪 60 年代，发达国家进入后工业化时期，高投入、高消耗的传统发展方式导致的资源短缺和环境恶化问题成为制约经济持续增长的首要因素，可持续发展的思想应运而生。1987 年，联合国与发展委员会公布的报告《我们共同的未来》提出了可持续发展的战略，并将对其内涵进行了系统的阐述，即"可持续发展是在满足当代人需要的同时又不对后代满足其需要的能力构成危害的发展"。其核心思想是"既满足当代人需要的同时又不对子孙后代满足其需要的能力构成危害的发展"。

1992 年联合国环境与发展会议上共同签署的《21 世纪议程》，将可持续发展作为人类共同追求的目标，强调经济、社会、环境和资源之间的相互协调，指出经济发展不能以资源耗竭、环境污染为代价，资源的开发利用要控制在合理的范围内。

可持续发展是包括经济可持续发展、社会可持续发展和生态可持续发展多个方面，是有关资源环境可持续发展的综合性概念。可持续发展是一种基于人类长期可持续发展能力的，有别于传统的环境治理和保护模式的，综观环境、经济与社会等协调共进的良性发展战略和人类发展模式。可持续发展是人们追求最好发展方式的一种伟大实践，自该理念提出以来，在全球范围内开展了关于可持续发展问题的广泛探讨，学者们从各自学科角度对其内涵要义进行了阐述。生态可持续性发展是指"保护和加强环境系统的生产和更新能力"，现代经济社会系统是以自然生态系统为基础的巨大开放系统。在社会经济活动中，作为主体的人和作为客体的环境都是生态系统运行和发展的基础。任何社会生产所需的物质均直接或间接来自于生态系统。因此，生态系统是社会经济活动的基础，人类社会的发展必须以生态系统为基础。经济可持续发展是指发展在满足当代人需求的同时不能损害后代人获取利益的能力，它要求保障人类发展的长期利益。经济增长和生产经营活动的可获利性是经济可持续发展的重要方面，它主张将环境变量内部化使环境的改善也成为刺激经济发展的重要因素。社会可持续发展是指既要实现当今社会的多元化协调发展的同时也能够为未来社会的全面发展提供必要条件。社会可持续发展坚持以人为本的理念，强调人的全面发展，以人类生存和生活质量的不断提高和社会公正的实现为目标。

可持续发展作为一种全新的发展模式，它不仅包含作为社会发展源头的经济领域和社会领域，而且包括涉及资源利用和环境保护的环境领域。可持续发展包含四个方面的原则，分别为可持续性、共同性、需求性和公平性。可持续性原则是指人类的经济和社会活动是可持续发展的，不能超出自然资源和生态环境的承载范围，即可持续发展不仅要求人类发展的可持续而且也要实现生态环境发展的可持续性；共同性原则是指可持续发展具有普遍性和总体性的特征，即虽然由于各国历史文化以及发展水平存在差异，所以可持续发展的具体目标和实施过程必然存在不一致性，但目标是一致的；需求性原则是指随着生产方式的根本变革，人类的生存环境遭到了严重破坏，生态需求成为最基本的生存需求，因此满足人类最基本的生存需求是可持续发展的重要原则；公平性原则主要体现在代内公平、代际公平和有限资源公平分配三个维度。

2.1.5.3　城市可持续发展

城市可持续发展是国家和区域可持续发展的重要方面。城市作为经济发展和资源利用的空间载体，是物质、资金、科技和人口等要素高度集聚的区域，具有人才、科技、资源等多方面的优势，具有显著的开放性特征。城市可持续发展是一种全新的城市发展理念，是指城市社会、经济和环境相互协调的持久性发展，即在一定的时间和空间维度上，以适度的人口、高质量的经济增长、综合社会效益、较低的环境成本，使得城市发展的集聚效益逐步增加，城市化进程不断加快。在满足当代城市发展需要的同时也能够满足城市未来发展的需求。因此，城市可持续发展是区域乃至国家可持续发展的重要组成部分。城市可持续发展是包含城市社会、经济、人口、资源环境以及社会结构等复杂综合系统的动态发展（见图 2-1）。

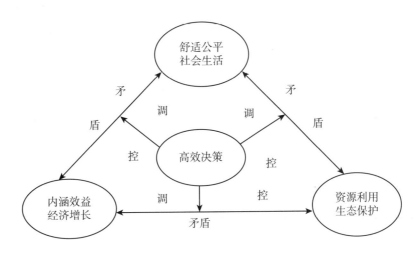

图 2-1　城市可持续发展系统结构

2.1.6　城市经济学理论

早在 20 世纪 20 年代对城市土地经济和土地区位的研究已经涉及城市经济问题，1965 年美国经济学家威尔帕·汤普森出版了《城市经济学导言》，标志着城市经济学从经济学中分离出来成为一门独立的学科。城市经济学是在城市范围内运用经济分析工具研究各种经济现象及其规律的学科。虽然城市经济学作为独立的学科发展历史较短，但在经济学研究中发挥的作用越来越重要。关于城市经济学的性质，学者们具有不同的认识，主要存在以下几种观点：第一，城市经济学是一门综合性、边缘性学科。城市系统尤其是城市经济系统是城市经济学的研究对象，城市经济系统具有多层次的特点，包含微观城市经济系统、宏观城市经济系统和城市经济管理系统等多个方面。第二，城市经济学从一般理论视角来讲属于应用经济学的范畴，它运用理论经济学原理解决城市经济问题。第三，城市经济学属于空间经济学的范畴，城市经济学的出现解决了传统经济学缺乏对空间因素探讨的问题，并注重空间要素在城市经济中的重要作用，从空间视角对城市进行综合分析研究。城市作为一门空间经济学，主要研究的问题包含城市密度、相邻关系以及布局效应三个方面。城市经济学与区域经济学有着密切的联系。直观上看，区域经济学主要对象是规模在城市以上的地区的各种经济活动的学科。

2.2 相关概念界定

集聚是人类生存与发展的本能追求。人类的进化史昭示了一个简单的道理：人类和动物一样，具有群体活动的本能，但人类与低等动物最基本的区别是，人能发挥主观能动性，人类的劳动实践活动是有意识的，动物的合群性本能在人类身上演变成为社会性。人类的社会性是以集聚劳动、集聚居住为前提，其次才以交流、交易甚至交战等形式体现出来。因此不断向自然、经济条件较好的区域集聚，是人类社会性以及合群性的本性使然。

2.2.1 产业集聚

产业集聚现象一直是不同领域、不同学科中经久不衰的热门话题。在经济学领域中，经济学家多采用"产业集聚"（industrial agglomeration）这一名称；在管理学的范畴内，又多被称为"产业集群"（industrial cluster）；而在经济地理学科中，则常常冠以"产业区"（industrial district）的概念。虽然各个学科领域所用的概念和名称大相径庭，但其内涵和特点则大同小异，均指的是具有近似行业特征的相关产业和机构由于追求经济利益而在某个区域内高度集聚，形成网络的现象。

产业集聚的内涵一直在不断更新与发展。马歇尔（A. Marshall，1890）首次从产业的视角第一次提出了"产业区"的概念和内涵：专业化的产业集聚所形成的特定地区，并通过"内部经济"和"外部经济"两个重要概念的关联来阐释产业集聚的特性。韦伯（Alfred Weber，1909）以区位指向型的视角分析了制造业的空间经济区位问题，最早提出了集聚（agglomeration）的概念。在此基础上，波特指出，集聚经济是指集聚因素在经过初级阶段的积累和发展上升到高级阶段①后形成的产业集群（安虎森，2004）。在产业集聚和增长极限理论基础上，有学者针对"区域增长极群落"这一区域经济发展的前沿空间形态，划分了其生命周期发展阶段，分析了其演进的动力机制（刘大志，张扬，2012）。

产业集聚的另一种内涵是专业化，一般指的是在不同的生产过程中，各部门逐渐专注于本部门任务，并逐渐精细化分工的过程（苏红键，赵坚，2011；姚德文，孙国锋，2016）。地区产业专业化是指集中本地区的人力和物力等资源专注于生产某一种产品或者某一零部件。地区生产专业化是指某一地区的生产要素集中配置在某一产业中，并且该产业在本地区的生产总值中占据了相当大的比重，而地区产业专业化水平其实就是地区间的产业结构差异程度（张建华，程文，2012）。产业专业化的理论研究主要分为三个方面：第一，马歇尔提出的"新产业区理论"中利用外部规模经济理论给出了产业专业化的概念的解释。工业集聚的主要原因有三点：包括区域经济的发展、技术创新、对有专门技术劳动力的需求。第二，波特提出的"钻石模型"：企业和国家利用地理位置的集群有利于发挥其比较优势。第三，最核心也最重要的：新经济地理学中基于报酬递增和聚集理论的解释。新经济地理学是产业具有显著空间区位特征的理论基础，在规模报酬递增以及不完全竞争的假设下，揭示了空间结构、经济增长和

---

① 初级阶段指的是仅通过企业自身的扩大而产生集聚优势，高级阶段指的是各个企业通过相互联系的组织而实现地方工业化。

规模经济是制造业集聚的决定因素。其中最著名的模型是"核心外围模型"，模型的核心思想为规模经济、运输成本和制造业在国民产出中所占的比重，这三个因素是影响产业专业化的主要因素。研究表明，产业的"市场规模效应"和"价格指数效应"是促进产业聚集和区域专业化发展的两种力量。市场规模效应指的是，当厂商的内在要求使得大多数的厂商聚集在某一地区时，会形成一个规模巨大的产业，从而使得不同专业的工人在此聚集。这样便形成一个生产和销售一体化的市场，使得商品从出厂到消费者手中的成本降低，企业效益好转，工人的工资也将增加（谢露露，2015）。由于集聚区工人工资水平的提高，引起其他地区的劳动力向该产业区流转，从而进一步促进产业区的聚集程度提高。价格指数效应指的是一个规模较大的产业能提供该产业的大型市场，这样不同厂商的距离就会缩短，运输成本和中间投入品的在途消耗就会减少，企业成本会降低、利润将增加。所以，"价格指数效应"和"市场规模效应"可以在某一地区形成一种专业化分工和集中，使得某一产业或者制造业在该地区集聚。本书主要研究的是当某个或者几个产业在某一地区集聚时，这种产业专业化对于区域生态环境的影响及作用。

综上所述，产业集聚是统一产业在某一区域空间的高度集中，也是生态要素在特定地理区域的不断汇集的过程。由于城市内部的经济模式是很好的产业集聚程度衡量指标，因此本书以各地级市当年不变价格产出（GDP）除以建成区面积来表示产业集聚水平（万元/平方千米）。

2.2.2 人口集聚

2.2.2.1 人口集聚

自古以来，集聚都是人们为提高生产效率、加强分工协作的自发行为。人口集聚便是其中最为常见的一种类型。通过对多个文明的政治和经济演变研究，切森和古德尔（Chesson and Goodale，2014）说明了定居点改变的过程如何受到共享食物和其他经济行为的影响，认为人口集聚和经济不平等存在的动态关系，集聚效应也是城市经济发展的推动因素。我国学者认为，人口集聚现象伴随着城市间空间分布的改变而改变，其实质是区域经济发展的空间结构问题，体现了区域经济增长的空间配置效率（许庆明，胡晨光，刘道学，2015）。刘国斌、韩世博（2016）认为，人口聚集不仅是推动城市化快速发展的重要因素，也是区域资源禀赋分布不均衡及社会发展不平衡的必然结果，同时还表现为生活在不同区域的人口由于各种原因向一个或者几个区域聚集，这既是区域经济发展的一般规律，也是人口在空间上由分散到聚集、由稀疏到稠密的一种社会现象。在本书中，人口集聚的主要内涵为，随着工业化和城镇化的发展，人们为谋求经济利益和自身发展，自发向城市涌入，进一步对城市产业生产率，能源利用率以及环境质量等方面产生了深远的影响。

2.2.2.2　人口密度

本书还使用了人口密度作为人口集聚的一个维度来分析人口集聚对城市生态效率的影响作用。人口密度以及人口规模是度量人口分布状况的基本指标之一，反映某个地区或者国家的人口密集程度，通常表示为人口数量与土地面积的比值，即一定的土地面积上分布或者居住的常住人口。此外，为研究人口分布与资源开采利用、人口结构与经济发展分布的空间关系，有的学者还采用了比较密度、营养密度以及农业人口密度等，但这些指标的应用还不够成熟与广泛，处于探索阶段，因此现阶段在分析人口与经济、能源、环境等问题时，最常用的依然是人口密度。

2.2.2.3　人口集聚度

本书采用人口集聚度来度量城镇人口集聚状况。人口集聚度是一个较为广义的概念，学术界对此定义主要有两种：一是出自全国主体功能区划方案组编制的《省级主体功能区划分技术规程》，该规程定义的基本内涵是："人口集聚度是为评估一个地区现有人口集聚状态而设计的一个集成性指标项，由人口密度和人口流动强度两个要素构成，具体通过采用县域人口密度和吸纳流动人口的规模来反映"（陈红娟，2015）。另一种定义出自刘睿文（2010）等的描述性阐释：人口集聚度反映的是一个地区的人口相对于全国人口的集聚程度，可以用某个地区占全国的国土面积上集聚的人口占全国总人口的比重来表示。后者实际上是一种人口分布比例。本书研究的人口集聚度是基于前者的定义。

2.2.3　生态效率

效率是经济学的生命，是经济活动、生产活动的命脉，是决定企业、工厂生存与发展的决定性因素。在经济发展的初级及中级阶段，经济学家将其定义为资本与劳动的投入产出比，以衡量经济行为和生产行为的合理性，判断是否继续开展此类的行为。而在步入了经济发展的中高级阶段，当面临自然资源趋于匮乏之后，人们开始追求经济发展与环境的协调一致，逐渐关注经济的投入产出以及环境的投入产出之间的最佳配置。

世界经济合作与发展组织（OECD）早在1998年创新性地将政府、企业以及其他经济主体纳入了生态效率的概念中来，此后学者们做出了进一步阐述，将其定义为生态资源满足人类需要的效率（尹科，王如松，周传斌，2012；成金华，孙琼，郭明晶，2014），即经济活动中提供的产品和服务的经济价值——"产出"，与相关的环境压力——"投入"之间的比值。无论各个组织、流派对生态效率如何定义与归纳，都离不开其精髓：一是物质基础。要有一定水平的物质条件，如机器设备等作为前提条件。二是科技水平。这是生态效率的实现与提高的重要推动力，因此需要具备较高的科技创新能力。三是理性认知。即生态系统中人们对于人口、资源、环境三者的关系具有较为理性和清晰的认知。如今人们将生态效率看作一种带动社会生产和资源消费发生重大变革的工具，一种衡量社会可持续发展程度的测度指标（UN-ESCAP，2010）。对生态效率的改进包括将造成的环境影响或者资源消耗降低，同时保持甚至增加生产产出的价值（Beltrán-Esteve，2017）。以冶金行业为例，冶炼行业首先需要提供满足消费者需求的产品和服务，拥有先进的生产设备和技术条件以及生态化理论等，使得企业自身在长久的生产过程中均能实现资源利用最大化与环境损害最小化，从而减小生产活动对区域环境的负面作用、提高区域生态环境对污染的承载能力。

对于"Eco-efficiency"一词的翻译，不仅限于"生态效率"，还被翻译为"生态经济效率"。但本书仍沿用"生态效率"的概念。因为"生态经济效率"

将生态与经济的关系归结于经济价值，而"生态效率"不仅仅是人们生产生活所蕴含的经济效率，更是人类与资源、环境循环所构成的生态系统的效率，其核心在于生态资源满足人类需要的效率。国际金融组织环境投资部（EFG-IFC）提出，生态效率是通过更高效的生产方式提高资源利用的可持续性。实际上，生态效率中包含的生态环境价值和经济效率价值两者同等重要，在开展经济活动的同时提高资源的利用率和加强生态环境的保护，二者缺一不可、协同共促，方能提高生态效率。本书为提高研究的准确性，结合各种文献对生态效率的定义和城市绿色发展的特点，将城市生态效率定义为：在保持经济发展和保护生态环境的前提下，减少资源消耗、环境污染，实现城市经济与生态环境和谐并进的效率。

2.2.4　空间溢出

空间经济学认为，一个地区的经济地理行为与邻近地区的同一经济行为是相关的，因而两地的产业结构会存在着一定的相关性或者依赖性。城市化作为改革开放以来中国经济腾飞的重要动力，城市的产业集聚水平和产业专业化水平等都会对该地区及空间邻近地区的城市生态效率产生影响，陈真玲（2016）认为这种影响是通过生态效率的扩散或回流效应实现的。

产业集聚和专业化的过程，一般都是先进的产业结构、技术设备、思维方式等伴随着经济交往跨区域集中的过程（吴福象、沈浩平，2013），该过程一般会通过示范效应、竞争效应、人员流动效应和空间关联效应等使要素集中地区对周边地区产生强大的辐射作用，对周边产业绿色技术创新能力和生态效率提高起到积极作用。空间溢出效应的效果会受到溢出方与接受方的双重影响，只有在一定条件下溢出效应才能达到最大效果（李东坤、邓敏，2016）。空间溢出效应影响城市生态效率的条件主要有：溢出方与接受方之间需要存在一定的绿色技术差距，接受方需要具备一定的消化与吸收能力，双方还要积极开展研究开发与合作，接受方要具备比较完善的市场体制以及较高的开放度等。

首先，溢出方与接收方之间存在的绿色技术差距是产生溢出效应的基础，但溢出效应和技术距离之间并非简单的线性关系，二者的技术距离也并非越大越好，当技术距离过大时，溢出效应可能会变得微乎其微，甚至可能会变为负值，即表现为挤出效应。其次，溢出效应的大小也取决于接收方本身的吸收与消化能力，在溢出方与接收方技术距离一定的条件下，如果接收方的吸收消化能力较弱，那么对于与提高城市生态效率相关的绿色技术转化能力就不足，因而溢出效应也会呈现出效果偏弱的特点，这种能力很大程度上体现在其产业结构与产业发展水平上，接收方与溢出方产业结构相近往往更有助于生态效率的溢出。再次，溢出效应的大小还与双方的环境投入和区域合作程度有关，绿色技术研发投入的不足不仅会影响到溢出方的生态效率，也会对接受方引进先进的绿色技术生产水平产生不利影响，使其陷入引进、落后、再引进的怪圈。另外，区域之间或跨区域的合作程度越高，这种交流机制与经济交往下所产生的提高生态效率创新活动也就越多。最后，一个经济体，如果市场开放程度越高，则对于地区之间的交往将提供一个更加良好的整体环境，对于资本、劳动、技术等生产要素的流动起到积极的推动作用，也有助于更先进的效率理念与生产方式的传播，因而最终将有助于生态效率的溢出。

2.3 要素集聚对城市生态效率的作用机制

由理论分析可知，集聚是通过产业、人口、城市三个要素综合影响城市生态效率，但是，几种要素具体是如何作用于城市生态环境的？什么要素影响了城市经济效率？什么要素影响了城市环境效率？因此，分析产业集聚、人口集聚和空间溢出对城市生态效率的作用机制是十分必要的。本书基于国内外的研究成果，从产业、人口和城市三个视角出发，分析产业集聚、人口集聚和空间溢出对城市生态效率的影响，作用机制如图 2-2 所示。

2.3.1 产业集聚与城市生态效率

本书从产业专业化、产业技术共享、产业规模扩张三个方面，探究其对企

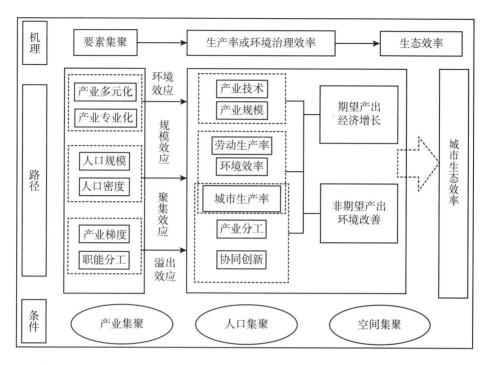

图 2 - 2 产业集聚、人口集聚和空间溢出影响城市生态效率的作用机制

业产值等期望产出和废气、废水等非期望产出的影响,从而分析最终城市生态
效率的变化。具体的作用机制如图 2 - 3 所示。

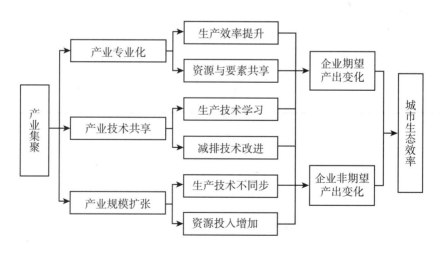

图 2 - 3 产业集聚影响城市生态效率的作用机制

第一,产业专业化有利于提高生态效率。产业集聚可以带来生产要素资源
在一定地理空间范围内集中配置于某类型的产品或服务部门,进而带来该产品

或服务部门的就业人数相对占比和产值提升，具有一定的产业专业化优势。根据李嘉图"比较优势"的观点，一方面，产业专业化水平比较高的地区通过促进同一产业或者相近产业的协作与分工，降低企业跨区域沟通和信息成本，可以有效地提高企业的生产效率。彭中文，熊炬成（2011）对中国装备制造业集聚与该产业生产率的研究也证明了这一点。另一方面，在产业专业化水平高的地区，政府提供的基础设施和快捷的交通运输服务可以带来显著的外部规模效应，不仅可以实现成本的节约，也可以带来区域资源和基础设施的利用效率提高。这种生产效率和资源利用效率的提高，不仅能够提高企业的总期望产出，还可以减少单位产出环境污染物的排放，带来城市经济增长和生态效率的改善。

第二，产业集聚促进技术进步，进而有助于提升城市生态效率。产业的高水平集聚，尤其是高新技术产业和战略性新兴产业的集聚，有利于信息、技术、新思想和知识等在企业之间的交流、传播，会对生产技术的相互学习产生溢出作用；产业集群内部企业由于在地理位置上更为接近，企业间日常业务往来也会更加频繁，这样企业间节能减排技术以及技术成果改进上会扩散得更加迅速，也比较容易集中；再加上产业集聚拥有比较有利的创新条件，创新主体在产业集群内更容易找到进行创新所需的如设备、工具、人才、资金等各种资源，促进绿色技术的偏向性进步，带来企业期望产出与非期望产出整体的改进。此外，当今世界，很多产品的绿色创新往往涉及很多环节、组织结构上十分复杂、所需资金量大，同时产品的绿色创新风险非常高，投入与回报上存在着巨大不对称。在创新的过程中单靠一个企业很难承担，通过产业集群内部多个企业合作进行创新，这样创新的成本和风险就能分担、降低产品绿色创新的困难，同时也能实现不同企业的资源共享，加快创新步伐、提升城市整体的生态效率。

第三，产业规模扩大可能导致环境恶化。产业的低水平集聚与粗放式增长，使区域产业规模迅速膨胀，企业的生产与管理方面的投入快速增长，但在产业集聚的初期，企业为了共同市场而在某一地区集聚，此时企业的规模普遍不大、抗风险能力也比较弱，而且此时创新成果转化为收益的周期比较长，再加上集聚区内与风险相配套的基础设施和创新机构处于建设阶段，原有的生产、管理水平与节能减排技术更新滞后，跟不上产业规模扩张的需求，增长的企业污染物得不到合理的处理，排放量随之增大；而且由于集聚区内很多企业经济实力薄弱、拥有的创新专利比较少，环境治理的成本低于投资绿色生产的成本，这就使得企业不愿意采用节能环保技术进行生产，对生态效率提升带来不利影响。另外，集聚所带来产业规模的迅速扩张，会使集群内部企业趋向于专业化生产，使得每个企业只专注于生产一种产品，不再完整地生产某一种产品，这就需要企业在生产的过程中考虑其他企业的生产情况、制定自身的生产策略。在此过程中企业之间需要彼此配合，如上下游企业之间的衔接问题、有限资源的利用问题等。由于各个企业在聚集的初期都有自身的生产模式，使得各个企业之间需要协调的地方很多，集群初期企业间的摩擦会比较大。这既不利于生产效率的提高，也不利于资源的有效利用。

2.3.2　人口集聚与城市生态效率

城市人口规模和人口密度，体现了城市人口集聚状况。人口集聚对城市生态效率的影响，主要体现在通过规模经济规律来影响（如图 2 - 4 所示）。

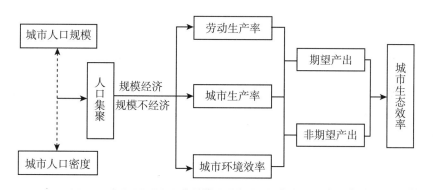

图 2 - 4　人口集聚影响城市生态效率的作用机制

第一，基于微观的劳动生产率视角，人口规模对劳动生产率会产生积极影响。一方面，因为人口规模增加，有效促进了社会分工，进而提供了劳动生产率，在国外类似的研究中，西科恩和哈勒（Ciccone and Hall，1996）的研究表明：美国非农就业密度提高一倍，则非农产业劳动生产率将提高 5%，而德国、意大利、法国、西班牙与英国等这一弹性系数也维持在 4.5% 左右；另一方面，因为人口规模增加、人口密度增加又提高了个体的生活成本，进而降低劳动生产率。早在 1965 年，威廉姆森（Williamson）就提出了著名的 "威廉姆森假说"，该假说认为空间集聚在经济发展初期能显著促进生产率提升，但达到某一门槛值后，空间集聚对经济增长的影响将逐渐变小，甚至不利于经济增长。

第二，基于相对宏观的城市生产率视角，人口规模和人口密度对城市生产率会产生两种不同方向的影响。一方面，人口规模扩大，能够提高城市内生产者的整体生产率，进而提高城市生产率，杨青山等（2011）采用梅耶尔（Meijer）等给出的区域城市人口中心度对各市区城市人口空间结构与劳动生产率的关系进行了实证分析，结果显示，省会城市人口规模越大，劳动生产率越高，且对周围城市有着正向溢出作用，许庆明等（2015）基于日本、韩国城市人口集聚密度和产业结构的比较，研究发现提升核心城市人口集聚密度能促进城市群产业结构优化升级；另一方面，随着城市人口规模的扩大，人口密度的增加又导致了拥挤成本，进而抑制城市生产率的提高。

第三，基于环境效率视角，城市规模与城市环境之间有两个不同方面的作用关系：一方面，随着人口规模增长，经济发展和工业化水平提高，能源消耗加剧、工业企业污染排放物增加和汽车尾气增加等，降低土地利用效率，进一步破坏了城市生态，苏辛斯基（Sushinsky，2013）等在研究了世界范围内城镇化现象之后，认为城镇化会导致严重的环境退化，且其规模和强度在持续增加，为缓解环境退化问题，应该提高住宅密度，以保留足够绿地和森林空间给生物物种；另一方面，随着城市规模扩大，城市环保投入的增加、绿化覆盖的提升以及技术进步的加快，又能显著改善环境的控制和治理能力，同时人口的规模效应可以提高资源的利用效率。徐辉（2017）利用2003～2013年中国十大城市群所涉及的100个地级及以上城市进行实证研究发现，工业废水排放量、工业二氧化硫和烟（粉）尘与人口集聚程度均呈非线性关系。

当然，虽然人口集聚在一定程度上对流入地的资源环境以及城市发展的内在条件提出了种种挑战，但也不能因此而否认其将会产生正向聚集效应，诸如提高城市生产效率以及资源利用率；提高人口的总体素质、增强人们的环保意识，提高城市居民的幸福指数、增加城市民众的获得感等的积极影响。事实上人口流动对环境影响效应本身就是一把"双刃剑"，人口集聚增长，无疑会带来环境污染的加重，对城市生态效率造成不利影响，但这并不意味着城市发展无计可施，关键还取决于在人口集聚和经济增长过程中，能否通过调整能源消费结构，出台相关法律法规和制度措施科学综合治理、依法依规治理，并辅之教育引导，在最大限度上控制和减轻环境污染的程度，充分发挥正向集聚效应，千方百计把好事办好实事办实。

2.3.3　城市生态效率空间溢出

根据地理学第一定律，地理事物的集聚会产生外部性，城市生态效率也会在空间上表现出关联或溢出。关于生态效率的研究很多，通常将污染看作外生变量的形式引入生产过程，把污染看作生产过程中的"副产品"。关于生态效率的研究较为丰富，但其通常将污染以外生变量的形式引入生产过程，即认为污染是生产过程中的"副产品"；或通过将环境作为投入要素，以内生变量的形式纳入生产函数，污染物对环境的损害表现为对环境投入要素的消耗。然而，不论是外生变量或内生要素都无法合理解释这一集聚效应，因此需要对城市生态效率的外部性做出进一步的明确。根据外部性的正负，其作用机制可以归结为关联性溢出和知识性溢出（见图 2 - 5）。

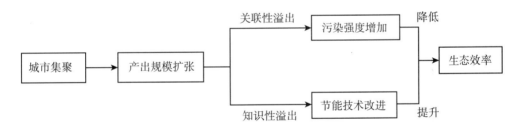

图 2 - 5　关联性溢出与知识性溢出

（1）关联性溢出表现为城市的集聚引起生态效率的下降

具体而言，从生产的末端来看，污染可以作为一种附属产品，从而引起外部性。经济活动在单位面积上的产出与就业密度、物质资本投入等因素密切相关，非农业部门的就业密度越高，意味着劳动生产率的提高和集聚经济的形成。然而，非农业部门中的污染型产业占比更大，集聚经济的产生意味着污染产出增加的速度也远远大于整个非农部门的产出增加速度，从而引起污染强度的增加。由集聚理论可知，微观企业受到交通运输成本及临近中心市场的驱动，不断加快集聚速度，实现规模经济，经济集聚主要表现为产出规模的扩张和污染产出的增加。当大量的经济活动集中在有限的空间时，诸如制造业等容易产生污染的产业集聚。近年来，中国的城市化与工业化高度相关，且城市集中了我国多数的工业产能。随着我国城市化进程的不断推进，经济集聚主要表现为产出规模的扩张和污染产出的增加，经济集聚促进污染的排放，从而引起城市生态效率的下降。

（2）知识性溢出将提高集聚城市的生态效率

一方面，集聚过程加剧了企业之间的竞争，不仅会对本地区及相邻地区的其他竞争企业形成示范效应，而且会促使其他竞争企业采取应对措施，提高自身技术水平。有助于不同企业通过学习、模仿等方式，实现技术加速传播及逆向溢出过程。另一方面，随着经济集聚程度的加深，人们的收入水平会不断增加，对环境质量的要求也将增加，此时较高的环境规制会迫使加大节能减排方面的投入、进行技术改进。地区收入水平也会同步提高，居民对环境质量的要求增加，过高的环境规制倒逼企业必须加强技术改进节能减排。从理论上分析，这种溢出效应很容易在地区间得到传播和延伸，原因有以下两点：一是由于资源分布往往较为集中，处于同一行业内的竞争企业和上下游企业大多数情形下处于相邻或相近的区域内，使知识性溢出在局部地区的表现更加明显。二是随着区域经济发展程度的提升，要素资源交换在不同省份与城市之间的交汇更加频繁，使得产业结构、人口规模等因素在不同程度上受到外部因素的影响。在此过程中，过高的经济集聚又会对污染排放产生一定的抑制作用，从而使城市生态效率得到提高，各种经济要素的集聚效应必然具备空间维度。

可以发现，以上两种机制能否发挥作用既依赖于生产主体之间的互动能力的大小，还依赖于要素流动的幅度与广度以及城市间关联的强弱。尤其是城市或地区间的关联强度，更大程度上影响着经济集聚程度和技术溢出速度。具有较强产业关联的地区之间不仅可以模仿对方新的技术，而且可以从对方的创新中受到启迪进而促成自身技术的提高。因此，知识性溢出在具有较高相似度的地区之间更有可能发生。当然，关联性溢出和知识性溢出本质上体现为一种外部性，城市单元之间如何进行知识转移影响着技术溢出的成效。而关联性溢出与知识性溢出本身也是一个动态过程，城市主体特征、产业集聚程度以及区域环境等因素都会在很大程度上影响着不同城市间的溢出效应，因此需要通过实证研究，对我国地级市的生态效应的外部性的正负，以及外部性大小进行检验。

2.4　相关文献综述

2.4.1　生态效率相关研究

2.4.1.1　生态效率的内涵

效率作为经济学中的概念是指成本与收益之间的比率，效率是人类经济活动的重要目标。在人类社会发展的不同时期，对效率一词赋予了不同的含义。在生态状况良好的背景下，效率追求的是经济效率，即资本与劳动的生产效率；在资源环境稀缺的背景下，经济发展更加关注资源与环境的生产效率，即生态效率。

1990 年两位德国学者肖特嘉和斯图恩（Schaltegger and Sturn）首次提出了生态效率的概念，并将生态效率定义为经济增长与环境效应的比值[1]。随着该概念的提出，国内外大量学者开始关注生态效率的研究。1992 年世界可持续发展工商理事会（WBCSD）在《改变航向：一个关于发展与环境的全球视野》报告中将生态效率定义为"生态效率的形成，需要提供价格上具有竞争优势并能保证生活质量的产品和服务，以满足人们的需求，在商品和服务的整个生命周期内，将其对生态的影响及资源的消耗逐渐降低到地球能够负荷的程度，从而达到与地球的承载能力相一致的水平"[2]。该报告还提出了实施生态效率的七项原则，分别为减少产品与服务的原材料消耗；减少产品与服务的能源消费强度；提高原材料的回收利用率；最小化有毒有害物的扩散；最大化利用可再生资源；增加商品的服务力度；提高产品的可耐用度。

1998 年，世界经济合作与发展组织（OECD）界定了生态效率的广义概念，

---

① Schaltegger S. , Burritt R. Contemporary Environmental Accounting. Issues, Concepts and Practice [M]. Green-leaf, Publishing, 2000.

② Bjm Stigson . Eco-efficiency：creating more value with less impact. WBCSD, 1992：5 – 36.

将生态效率的概念扩展到政府、企业及其他组织，认为生态效率是生态资源满足人类需要的效率，即产出与投入的比值。其中"产出"是指提供的产品与服务的价值，"投入"则为社会造成的环境压力[①]。除上述两个具有较大影响的生态效率定义之外，其他组织也对其进行了新的界定，如国际金融公司、德国BASF集团、欧洲环境署（EEA）。

在上述机构组织对生态效率进行定义的基础上，国内外学者也从不同角度对生态效率进行了相关定义。穆勒和斯图恩（Muller and Sturn，2001）对生态效率的计算公式进行了定义，生态效率 = 环境绩效/经济绩效。公式中的经济绩效能够用经济增加值或净经济增加值表示。[②] 周国梅（2003）指出生态效率是生态资源满足人类需要的效率，可以用产出和投入的比值进行衡量。[③] 诸大建（2005）强调生态效率是经济社会发展的价值量和资源环境消耗的实物量的比值，表示经济增长与环境压力的分离关系。[④] 吕彬等（2006）指出生态效率是经济效率与环境效率的统一，并将宏观层面的生态效率纳入微观和中观的发展规划中，为政府及政策制定者提供了重要参考。[⑤]

2.4.1.2 生态效率的评价方法

根据不同的评价对象、评价层面、评价视角以及使用方法的差异，生态效率的评价方法较多，但可以根据生态效率评价的对象和目的进行选取。某些机构组织或部门根据生态效率的内涵规范了生态效率的定量分析，某些企业根据自身生产经营的具体情况制定出了符合自身特点的独特的生态效率评价方法。对生态效率评价方法的研究是当今学者们关注的重要领域。如何采取更为有效的办法使得对生态效率的评价更合理、更科学是当前急需解决的问题。国内现存的生态效率评价方法可以归纳为以下六种：

（1）经济—环境比值评价法

关于生态效率的众多定义中存在着共性，即均涉及经济价值和环境影响两

① OECD. Eco-efficiency. Organization for economic co-operation and development. Paris，France. 1998.
② Muller K.，Sterm A. Standardized eco-efficiency indicators-reportvl：concept paper. Basel，2001.
③ 周国梅，彭昊，曹凤中. 循环经济和工业生态效率指标体系 [J]. 城市环境与城市生态，2003，16（6）：201 - 203
④ 诸大建，朱远. 生态效率与循环经济 [J]. 复旦大学学报（社会科学版），2005（2）：60 - 66.
⑤ 吕彬，杨建新. 生态效率方法研究进展与应用 [J]. 生态学报，2006（11）：3898 - 3906

个方面。因此，以生态效率含义为基础，学者探索出了生态效率的比值评价方法。OECD（1998）认为从宏观层面度量生态效率是可行的，测度的结果取决于收入和产出指标，公式可以定义为：生态效率 = 产品和服务的价值/环境影响[①]。WBCSD（2000）指出可以根据企业以及利益相关者的决策需要来计算生态效率。因此，生态效率 = 产品和服务的价值/环境影响[②]。此处可以将企业、区域或国家等创造的产品或服务的价值作为产出，企业、区域或国家生产过程中对环境产生的影响作为投入。肖特嘉和伊莱休（Schaltegger and Burritt，2000）认为生态效率是产出与环境影响增加值的比值，生态效率 = 产出/环境影响增加量。此外部分学者打破上述公式的思维定式，提出了生态效率的另一种计算方法。穆勒和斯图恩（Mulller and Stunn，2001）认为生态效率能够表示为环境影响和价值的比值。[③]

（2）生态效率指标评价方法

指标评价方法是学者们普遍使用的生态效率评价方法，生态效率指标评价的核心指标是效率指标。生态效率是解决资源利用效率，提高生产效率并降低环境污染的重要途径。生态效率的根本是寻求产出—投入的高效率，众多支持使用指标评价的学者将生态效率看作系统各种要素投入效率的综合效应。联合国国际汇集和报告准则（UNCTCIS）总结了包括初级能源消耗量/增加值、用水量/增加值、气体排放量/增加值、固体和液体废弃物量/增加值、臭氧层气体排放量/增加值 5 个生态效率指标。[④] 达尔斯特伦和艾肯（Kristina Dahlstrom and Paul Ekins，2005）设置了包含资源生产率、资源效率以及资源强度在内的 3 个二级指标以及 11 个三级指标对英国钢铁和铝制品行业的生态效率进行了实证评价[⑤]。戴铁军、陆忠武（2005）认为可以根据行业和企业的异质性特征选取不同的指标对生态效率进行评价，但一般会选取原材料强度、能耗强度以及污染物

① OECD. Eco-efficiency. Organization for economic co-operation and development. Paris，France. 1998.

② World Business Council for Sustainable Development. Messuring Eco-efficiency：A Guide to reporting company performance . WBCSD. 2000.

③ Robertson-Millar C. Contemporary Environmental Accounting：Issues，Concepts and Practice by Stefan Schaltegger and Roger Burritt，2000.

④ Dyckhoff H.，Allen K. Measuring ecological efficiency with data envelopment analysis（DEA）［J］. European Journal of Operational Research，2001，132（2）：312 - 325.

⑤ Dahlstrom K.，Ekins P. Eco-efficiency trends in the UK steel and aluminum industries-Differences between resource efficiency and resource productivity［J］. Journal of Industrial Ecology，2005，9（4）：171 - 188.

排放 3 个指标对企业的生态效率进行评价[①]。刘晶茹等（2014）构建了包含结构性指标、功能性指标和过程性指标在内园区复合生态效率评价指标体系[②]。

（3）物质流分析法

物质流分析方法（MFA）是产业生态学和循环经济学领域重要的分析工具。物质流分析法以工业和社会的两大代谢理论为基础，是对某区域的经济活动中物质流入量和流出量之间进行分析的方法。该方法一般包括数据收集与整理、指标计算和分析等步骤，指标分析是其中十分重要的环节，通过指标分析能够对经济增长需要的资源消耗量进行检测，而且能够正确分析与评价经济增长对生态环境的影响程度。在物质流分析中通常包含输入指标、输出指标、消耗指标、平衡指标、强度和效率指标以及综合指数六大类。[③] 桥本和森口（Seiji Hashimoto and Yuichi Moriguchi，2004）从物质流分析的视角研究了社会代谢物质循环指标，包括以下 6 个指标，分别为直接物质投入（DMI）、已用产品再生使用率（URRUP）、物质使用效率（MUE）、物质使用时间（MUT）、已用产品再生率（RRUP）和国内生产过程排放（DPO）。张炳等（2009）基于物质流分析方法构建了区域生态效率评价指标体系，并将污染物排放看作非期望产出引入数据包络分析模型中，以 1990～2005 年数据为基础，以江苏省为例对生态效率进行实证测算。[④] 唐华（2014）以生态效率理论、物质流分析方法以及物质流账户三大理论为基础，对江西省 2004～2012 年不同层面的生态效率进行了全面分析，指出江西省的生态效率低于全国平均水平，而且区域直接生态效率、区域总生态效率以及整体生态效率三个层面的生态效率均呈现先上升后下降的趋势。[⑤]

（4）生态足迹分析法

生态足迹分析法可以用来对量生态效率，也是评价生态承载力的主要方法之一。生态足迹法最早由加拿大生态经济学家威廉提出，并于 1996 年由克内格尔进行了完善，该方法通过对某特定区域内的消费及吸收废弃物排放所需要的

---

① 戴铁军，陆钟武. 钢铁企业生态效率分析 [J]. 东北大学学报自然科学版，2005，26（12）：1168 - 1173.
② 刘晶茹，吕彬，张娜，石垚. 生态产业园的复合生态效率及评价指标体系 [J]. 生态学报，2014，34（1）：136 - 141.
③ 顾晓薇，王青. 可持续发展的环境压力指标及其应用 [M]. 北京：冶金工业出版社，2005.
④ 张炳，黄和平，毕军. 基于物质流分析和数据包络分析的区域生态效率评价——以江苏省为例 [J]. 生态学报，2009，29（5）：2473 - 2480.
⑤ 唐华. 基于物质流分析法对江西省生态效率的评价 [J]. 绿色科技，2014（7）：23 - 25.

生态生产性面积（陆路或水域），并与该区域能够提供的生态生产性面积比较，来衡量区域经济发展的可持续状况。生态足迹法的计算基于两方面的事实，一是人类能够衡量其自身消费的大部分资源以及产生的废弃物的数量；二是上述资源和废弃物能够转换成相应的生物生产面积。在计算时可以将人类使用的生物生产面积分为化石燃料土地、可耕地、林地、草地、建筑用地和水域六种类型。王菲凤、陈妃（2008）以生态足迹成分法的基本原理和计算模型为基础，并以福州大学城 4 所高校新校区为例测算了其 2006 年的校园生态足迹和生态效率，并对其主要影响因素进行了分析。[1] 季丹（2013）界定了区域的生态效率，并通过引入生态足迹方法，提出了区域生态效率的计算模型，并以 2007 年我国 30 个地区的截面数据为基础，对区域生态效率进行了测算与分析，结果显示中国区域生态效率具有明显的差异性，并呈现东高西低的空间格局。[2]

曹雪琴、王婷婷（2015）基于能值生态足迹法，选取了我国东中西三座宜居城市和 25 座资源型城市为样本，对其生态效率进行测算，并对两类城市进行了对比分析。[3]

（5）参数分析方法

生产函数法和随机前沿生产函数是参数分析法的主要内容。其中生产函数法是典型的参数方法，以此方法为基础对生态效率进行研究，选择生产函数的数学形式是首要环节。柯布—道格拉斯生产函数、常替代性生产函数以及超越对数生产函数是最常用的生产函数形式。虽然函数法应用较为便利，但由于函数形式的自身问题的限制，因此在实例应用中需要增加竞争性均衡、规模收益不变和中性技术进步等假设。随机前沿生产函数方法是测算效率的重要方法之一，艾格纳、洛弗尔和施密特（Aigner，Lovell，Schmidt）提出了该方法的理论基础，并迅速成为计量经济学的重要分支。随机前沿生产函数法在采用传统生产函数模型的基础上，将污染物作为非期望产出进行处理来测算生态效率。法勒（Fare，1993）将环境影响看作非期望产出，使用参数形式的数学规划技术计算确定型的超越对数产出距离函数的参数，并采用该方法测算了环境影响的效

① 王菲凤，陈妃. 福州大学城校园生态足迹和生态效率实证研究［J］. 福建师大学报（自然科学版），2008，24（5）：84－89.
② 季丹. 中国区域生态效率评价——基于生态足迹方法［J］. 当代经济管理，2013，35（2）：57－62.
③ 黄雪琴，王婷婷. 资源型城市生态效率评价［J］. 科研管理，2015，36（7）：70－78.

率和影子价格。①

（6）非参数分析法

数据包络分析法（DEA）是最常用的非参数分析法，在生态效率评价中DEA方法的应用重点在于污染物排放物的处理上，即如何处理非期望产出，学者们对于污染排放物应当作为投入还是产出的问题上存在着争议。主要存在曲线测度评价法、污染物投入处理法、数据转换函数处理法以及距离函数法四类。法勒（1989）将环境影响看作非期望产出，并创建了曲线效率的测量方法，用来估计生产绩效、增加期望产出、减少非期望产出的能力，并建议使用非参数数学规划方法即DEA法，计算曲线效率。② 刘丙泉等（2011）以2000~2009年中国30省市数据为基础，构建了包含资源消耗、环境污染以及地区GDP在内的区域生态效率评价指标体系，以DEA方法为手段，对中国区域生态效率进行了测算，研究结果表明2000~2009年我国整体生态效率呈稳定上升趋势，但存在明显区域差异性的特征。③ 成金华等（2014）利用2000~2011年统计数据，运用超效率DEA模型对我国30个省份的生态效率进行了测算，并在此基础上运用空间计量模型对中国省域生态效率的演化格局进行了实证分析。④ 任宇飞、方创琳（2017）以京津冀城市群县域为单元，利用细颗粒物、二氧化氮遥感反演等数据为基础，构建了资源投入—经济效益—环境影响的符合生态效率的评价指标体系，并利用非期望产出SBM模型测算了县域生态效率。⑤

2.4.1.3　生态效率应用研究

对生态效率的应用研究，国内外学者主要侧重于五个层面：产品、企业、园区、行业以及区域。随着社会对生产者责任制和产品末端环节的环境绩效的日益关注，关于产品的生态效率的研究逐步从企业的生态效率研究中分离，并

---

① Fare R., Grosskopf S., Lovell C. A. K., et al. Derivation of Shadow Prices for Undesirable Outputs: A Distance Function Approach. [J]. Review of Economics & Statistics, 1993, 75 (2): 374 – 380.

② Faere R., Grosskopf S., Lovell C. A. K., et al. Multilateral Productivity Comparisons When Some Outputs are Undesirable: A Nonparametric Approach [J]. 1989, 71 (1): 90 – 98.

③ 刘丙泉，李雷鸣，宋杰鲲. 中国区域生态效率测度与差异性分析 [J]. 技术经济与管理研究，2011 (10): 3 – 6.

④ 成金华，孙琼，郭明晶，徐文赟. 中国生态效率的区域差异及动态演化研究 [J]. 中国人口·资源与环境，2014，24 (1): 47 – 54.

⑤ 任宇飞，方创琳. 京津冀城市群县域尺度生态效率评价及空间格局分析 [J]. 地理科学进展，2017，36 (1): 87 – 98.

扩展到与产品生产有关的任何环节，包括生产技术、废旧产品的处理等。企业生态效率的核心是降低产品与服务的资源消耗量，加强废弃物的循环和使用，延长不可再生资源的利用效率，提高可再生资源的使用年限。产业园区是我国重要的产业组织形态，是随着一定区域范围内企业的集聚现象而产生的。但园区生态效益不断提高的同时生态环境状况却不容乐观。园区层面的生态效率测算可以从价值创造、生态环境以及生态管理三个维度进行分析。从行业层面分析生态效率能够提高企业的经济绩效和环境绩效的同时，还可以从系统方面分析对企业间的产品、工艺流程等方面的优劣势，并能够为各行业的可持续发展提供指导。生态效率在区域层面的研究能够为实现区域经济、社会与环境的协调可持续发展提供基础。

2.4.2　产业与城市生态效率

同一产业或不同产业的企业高度集中在某一区域范围内，将会引发多种生产要素在该区域的有效集聚，由此形成的产业集聚将会优化生产力布局，并形成具有可持续竞争优势的经济群落。产业集群具备以较少的资源消耗和较低的环境代价，获取最大经济产出和最小废物排放，从而具备实现经济效益、环境效益和社会效益的能力。顾强（2006）指出产业集群的类型、发展阶段、集聚水平等因素都会对生态效率产生影响。[①] 不同的产业集聚类型会使用不同的资源，进而对生态环境造成的影响也存在差异。"清洁型"产业集群能够使用环境友好型的原材料、人力资本状况，能够减少向环境中排放废弃物的种类与数量。"非清洁型"产业集聚是指消耗大量资源或向环境中排放大量废弃物的产业集群。产业集群的发展过程可以划为三个阶段，一级产业集群阶段，生产技术水平较低，产业链条单一，因此资源利用水平较低。二级产业集群阶段，要素积累程度增加，环境规制能力也不断增强，相对一级产业集群阶段生态效率水平会显著提高。三级产业集群阶段，会形成完善的资源利用网络，污染物的数量将会下降，生态效率明显提高。张雪梅、罗文利（2016）以西部地区为例，选

---

① 顾强. 提高产业集群生态效率　促进循环经济发展 [J]. 中国科技投资，2006（8）：30-31.

取 2001～2014 年的省际数据为基础，利用 Tobit 模型在对产业集聚超水平进行测算的基础上分析了其对区域生态效率的影响作用及程度。[①]

目前关于产业集聚与生态效率的相关研究较少，可以分为两大类，一是对产业集群、园区或经济带生态效率的测算；二是集中于金融产业集聚与生态效率的相互关系研究。刘宁等基于主成分分析法，构建了产业共生系统生态效率的指标评价体系，对苏州高新区、苏州工业生态工业园和无锡新区生态工业示范园区为实例对生态效率进行了测算与分析。[②] 孙欣等（2016）和游达明等（2016）均采用超效率 EDA 模型分别对长江经济带各省市的综合与工业生态效率进行测算。[③][④] 刘习平、盛三化（2016）扩展了 STIRPAT 模型，测算了中国 286 个地级及以上城市 2003～2013 年的产业集聚度、城市污染综合指数和环境规制水平，并对城市产业集聚对环境影响进行了分析，研究结果显示城市产业集聚对城市环境的影响成 U 形演变规律。[⑤] 焦剑雄（2014）运用空间计量经济学方法，从省域和地级市两个空间区域维度，对全国各区域的金融集聚、经济增长与生态效率进行了实证分析。[⑥] 吴井峰（2016）利用主成分分析法、超效率 DEA 以及空间相关分析等方法，以 2009～2013 年的省市相关数据为样本，通过构建空间滞后模型对金融集聚与区域生态效率的关系进行了实证分析。[⑦]

专业化是指在区域生产过程中，各部分逐步专注于各自负责的部分任务的过程。地区生产专业化是将各部门的专业化应用到区域层面。目前对产业专业化的研究主要集中于区域产业专业化程度的测算、演变规律和产业专业化对区域经济增长的关系研究两个方面。李学鑫（2008）以 1992～2005 年中原城市群相关数据为样本，从区域和地方两个层面剖析了中原城市群产业专业化与多样

① 张雪梅，罗文利. 产业集聚对区域生态效率的影响研究——基于西部的省际数据 [J]. 南京航空航天大学学报（社会科学版），2016，18（3）：23－26.
② 刘宁，吴小庆，王志凤，王远，陆根法，温剑锋. 基于主成分分析法的产业共生系统生态效率评价研究 [J]. 长江流域资源与环境，2008，17（6）：831－838.
③ 孙欣，赵鑫，宋马林. 长江经济带生态效率评价及收敛性分析 [J]. 华南农业大学学报（社会科学版），2016，15（5）：1－10.
④ 游达明，黄曦子. 长江经济带省际工业生态技术创新效率评价 [J]. 经济地理，2016，36（9）：128－134.
⑤ 刘习平，盛三化. 产业集聚对城市生态环境的影响和演变规律——基于 2003～2013 年数据的实证研究 [J]. 贵州财经大学学报，2016（5）：90－100.
⑥ 焦剑雄. 区域金融集聚、经济增长与生态效率的空间统计分析 [D]. 南昌大学，2014.
⑦ 吴井峰. 金融集聚与地区生态效率的空间计量实证研究 [J]. 统计与决策，2016（3）：149－153.

化分工的演进状况和发展现状。① 张建华、程文（2012）将地区产业专业化定义为某一地区的生产要素集中配置在某些产业部门从而少数产业部门贡献了该地区总增加值（或总就业）的大部分，并引入基于回归不平等分解方法对地区产业专业化影响因素的重要性进行排序，探讨了中国各省及东中西部地区产业专业化的 U 形演变规律。② 石东伟、何永芳（2011）以中国地级及以上城市市辖区的 2006～2008 年数据为基础，检验了产业专业化、产业多样化对不同规模城市经济增长的影响。③ 姚德文、孙国锋（2016）基于长三角地区 1986～2012 年的面板数据为基础，探讨了产业专业化对城镇化的影响，认为区域产业专业化显著促进了城乡劳动力的转移，加速了城镇化进程。④ 但关于产业专业化与城市生态效率相关内容的研究相对较少。

2.4.3　人口与城市生态效率

现代城市人口规模的扩大、人口密度的增加带来了环境污染、交通拥挤等问题，从而导致城市综合功能及效益的下降，甚至引发城市经济社会发展与生态环境系统的尖锐矛盾。过度的人口聚会对城市的运行与发展带来严重的负面影响。当城市规模小于城市生态环境容量时，人口规模仍具有扩张能力，但在城市人口规模大于城市环境容量的情况下，城市人口对资源环境生态系统或社会系统的压力已经超出城市的承载能力。城市适度人口规模是指在一定的生产力水平下，能够带来最大经济效益的人口，此时的人口规模能够适应环境容量。城市功能定位和发展战略目标、经济发展水平、产业结构、资源利用状况、环境承受能力都会对城市适度人口规模产生影响。

人口与碳排放、绿色经济增长的相互关系是该领域的研究热点。包正君、赵和生（2009）⑤ 分析了影响城市适度人口规模的因素，并通过对南京生态足迹

---

① 李学鑫. 中原城市群产业专业化与多样化分工的演进［J］. 统计与决策，2008（12）：96 - 99.
② 张建华，程文. 中国地区产业专业化演变的 U 型规律［J］. 中国社会科学，2012（1）：76 - 97.
③ 石东伟，何永芳. 产业专业化、产业多样化与城市经济增长［J］. 中国城市经济，2011（2）：36 - 37.
④ 姚德文，孙国锋. 产业专业化对城镇化的影响——基于长三角地区 1986～2012 年的面板数据分析［J］. 山西财经大学学报，2016（2）：61 - 76.
⑤ 包正君，赵和生. 基于生态足迹模型的城市适度人口规模研究——以南京为例［J］. 土木工程与管理学报，2009，26（2）：84 - 89.

和生态承载力的计算对南京人口规模的生态容纳量进行了研究，并对南京城市人口目前存在的问题及未来的发展提出了相关政策建议。焦若静（2015）[①] 以 1990~2009 年新兴经济体国家的面板数据为样本，分析了不同人口规模下城市化与环境污染的相关关系，研究发现人口小国的城市化率与环境污染呈正向线性关系，中型国家的城市化率与环境污染呈 U 形关系，而人口大国的城市化率与环境污染呈倒 U 形关系的结论。付云鹏等（2016）[②] 基于 2001~2010 年中国 30 个省份的省际面板数据为基础，以 STIRPAT 模型为理论基础分析了人口规模、城市化率、家庭户规模等人口因素对二氧化碳排放量、工业"三废"排放量产生的影响效应。

综上可知，关于人口与城市生态效率的相互关系研究较少，多侧重于人口与区域或城市碳排放方面的分析，且研究结果也存在一定的差异性。

---

① 焦若静. 人口规模、城市化与环境污染的关系——基于新兴经济体国家面板数据的分析 [J]. 城市问题，2015（5）：8–14.
② 付云鹏，马树才，宋琪. 基于空间计量的人口规模、结构对环境的影响效应研究 [J]. 经济纬纬，2016（5）：24–29.

第3章
中国的城市发展与生态效率

3.1　中国城市发展与困境

3.1.1　地级市人口规模的历史演变

目前我国处于城市化加速发展过程的中期阶段，从2003～2017年的数据来看，我国地级市人口规模的演变，从时间、空间角度来看呈现出较为不同的特征，其背后的作用逻辑也存在着差异，具体表现在以下三个方面：

3.1.1.1　城市人口规模稳步增加，城市化速度稳步提高

根据图3-1，从总量水平来看，2003年全国地级市市辖区的年末总人口为2.99亿左右，2017年增至4.02亿人，城市人口绝对量增加约1.03亿人。一方面，这反映21世纪以来特别是中国加入WTO以来，我国社会主义市场经济体制改革和对外开放红利进一步凸显，新的历史机遇不断涌现，以城市快速发展为典型特征的我国经济再一次腾飞。尤其是城市综合机会属性进一步凸显，在农产业增加值、就业机会和城市发展预期等因素作用下，大量农村剩余劳动力进一步向城市集中，即便是在2008年金融危机冲击下，各地级市人口规模增量依然可观。

从增长速度来看，2003～2017年，我国的地级市人口增加了34.38个百分点，年均增加2.07个百分点。从中可以看出，增长速度相对偏低，与我国GDP增速匹配不一致，这反映了我国过去在城市化的过程中，过分地偏重于产业本身的发展和土地城市化，忽视了人口城市化带来的长远的、持久的、潜在的一个发展红利，而严格的户籍制度也对劳动力跨区域流动造成了较大的抑制，因此，我国城市人口增长仍然在一个较低的水平徘徊。此外，值得注意的是，随着2010年以来，我国经济步入"新常态"，经济下行的压力不断增大的同时，城市人口的增长速度仍然保持着较为稳定并小幅上扬的趋势，GDP增速与城市

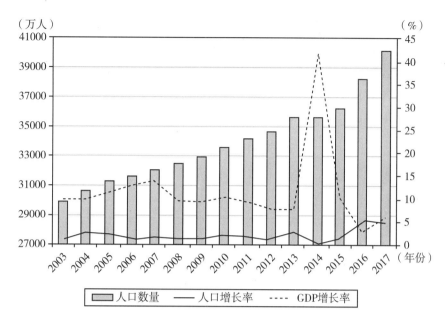

图 3 - 1 2003 ~ 2017 年中国城市人口规模的演变

资料来源：人口数量、GDP 增长率来源于"中国经济与社会发展统计数据库"，人口增长率经计算得出。

人口增速缺口进一步缩短，这反映了我国城市发展思路和理念已经开始悄然转变，在产业动能不足和国家对各地方城市用地资源约束进一步趋紧的情况下，各地级市将城市动能的重心开始向有条件吸引人口集聚转变。当然除了人口的跨区域集聚以外，城市面积的进一步扩张，也使得当地原有居民身份由"村民"向"市民"化转变，这也是我国城市人口规模进一步扩大的重要因素。

3.1.1.2 城市规模等级结构变化，辐射引领进一步凸显

从图 3 - 2 可以看出，按照 2014 年国务院公布的最新城市规模划分标准，首先，我国小城市数量（城市人口 50 万以下）持续下降，由 2003 年的 69 个大幅下降至 49 个，小城市的城市化发展速度迅猛，城市规模等级提升速度较快，反映出城市间协调发展理念和发展政策的进一步落实，经济政策进一步惠及小城市。其次，中等城市（50 万 ~ 100 万人）与大城市（100 万 ~ 500 万人）数量对比发生转变，从图中可以看出，2003 年前后各地级市仍然是以中等城市规模居多，其数量高于大城市数量，但经过 10 多年的发展，大城市数量增至 138 个，中等城市数量持续下滑至 89 个，无论是在绝对数量还是在速度上，大城市的发展势头更

为强劲。从中可以看出，随着我国京津冀城市群、南京都市圈、辽中南城市群、成渝城市群，以及武汉"1＋8"城市圈、长株潭一体化等区域发展战略的展开，重点城市对周边中小城市的辐射与带动作用较为明显，尤其是对于发展潜力较大的中等城市作用更加突出。这也反映了我国城市整体发展水平的提高。此外，特大城市（500万～1000万人）数量也略有增加，从地级市层面看，2003年，特大城市只有武汉、广州、西安，截至2017年，我国特大城市行列还增加了沈阳、南京、郑州、汕头、成都，城市增长极进一步增加，大区域中心城市引领格局基本形成。

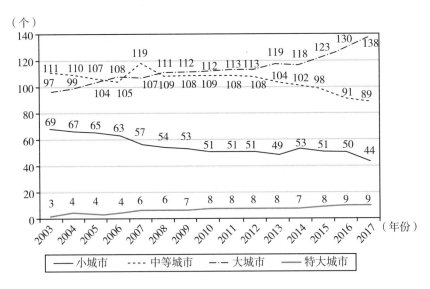

图3-2　2003～2017年不同城市规模等级的数量演变

资料来源：各等级城市数量根据《国务院关于调整城市规模划分标准的通知》计算得出。

3.1.1.3　城市人口规模时空分异，发展格局进一步优化

从图3-3可以看出，我国小城市的绝对人口规模进一步下降，在全国城市总人口规模进一步增长的同时，小城市人口规模占比也呈现出较大幅度下降，反映了部分小城市一个"换档升级"的特征，以及人口的净流出量比较大。而且，值得注意的是，我国中等城市人口数量虽然有小幅的下滑，中等城市占比由26.83%下降至21.39%，比重下降幅度大于人口数量的下滑，这主要来源于中型城市向大城市的"换档升级"对于人口的抽取，以及小城市人口流动对于中型城市净流入作用不强等因素。此外，2004～2017年，我国大城市人口规模增加8000多万，结合表3-2，大城市数量也增加41个，但是在总人口的比重中占比并未呈

现出较为明显的提升趋势，比重增加仅仅不到 2.2 个百分点。与此相比，特大城市则呈现出城市总人口、人口占比、城市数量均有较大幅度提升的趋势。在全国地级市城市总人口数量不断上升，小城市和中型城市比重较大幅度下降情况下，人口比重变化的百分点更多地被特大城市所吸收，特大城市对于人口的吸纳能力更为强劲。

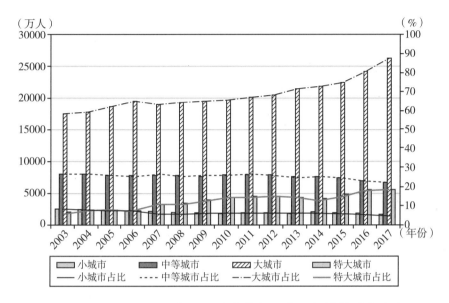

图 3 – 3　2003～2017 年不同城市等级下人口规模的时空演变

资料来源：各等级城市人口规模和占比数据，根据"中国经济与社会发展统计数据库"计算得出。

3.1.2　中国城市人口密度的现状与历史

城市人口密度与产业布局、城市规划和城市人口控制等方面具有密切的联系。学者们对于中国城市人口密度问题存在不同的观点，这与不同城市规划政策紧密相连。人口密度是指单位面积土地上的人口数量，城市人口的密度通常使用城市人口与城市面积之比代表。但由于在我国统计学中，"城市面积"具有多种计算标准，包括"建成区面积""行政区面积"等分类，因此"城市人口密度"的概念具有差异性。近年来，在生态环境压力日益增大的背景下，人口空间分布过度集中和中心地区的过度城市化导致资源短缺、生态环境破坏日益严重等负面效应，严重制约着城市可持续发展。基于此,本书以城市年末总人口与建成区面积比值代表"城市人口密度",对中国城市人口密度的空间分布与变动状况进行系统分析。

3.1.2.1 中国总体城市人口密度的时空状况

根据统计数据显示,1981~2017年,地级市的数量增加了184个。城镇人口数量由1981年的20171万人增加到2017年的81347万人,占年末人口的比重由20.16%增加到58.52%。1981~2014年,城市建成区面积增加了42335平方千米,年平均增速为38.1%。据此截至2014年,中国人口密度为2477人/平方千米,是1981年的3.6倍,年均增长率约为3.49%,增长较为迅速。由图3-4可知,除2005~2007年中国城市人口密度急剧变动外,我国城市人口密度波动幅度相对平缓,1981~2005年,城市人口处于相对低密度状态,2007年后城市人口密度保持相对较高水平。

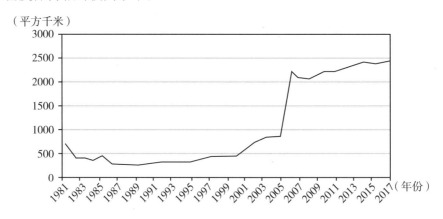

（平方千米）

图3-4　1981~2017年中国城市人口密度变动情况

资料来源:根据1980~2015年《中国城市统计年鉴》数据整理所得。

1935年近代地理学家胡焕庸先生提出了著名的"瑷珲—腾冲"线开创了中国人口空间分布研究的先河。"瑷珲—腾冲"线是中国人口密度分界线,它划分出了东南和西北两份连续地理空间,该线表明我国人口密度出现东南普遍较高,西北普遍偏低的现象。自1935年以来虽然人口密度分界线有所变动但并未改变我国的整体状况,中国的人口密度仍呈现东南高、西北低的现象。

3.1.2.2 中国分区域城市人口密度的时空状况

将全国区域划分为东中西部三个区域,东部地区由北向南包括辽宁、北京、天津、河北、山东、江苏、上海、浙江、福建、广东、广西、海南 12 个省份；中部地区包括内蒙古、黑龙江、吉林、山西、安徽、江西、河南、湖南、湖北 9 个省份；西部地区为其余 10 个省份。根据以上划分方法划分 2005 年、2011 年和 2017 年三个时间节点对我国不同地区的城市密度进行分析。

　　由表 3 - 1 可知，2005 年、2011 年及 2017 年中国人口与人口密度的数据可获取如下信息。第一，相对于中西部地区，东部地区人口最多，人口密度最高；西部地区人口最小，人口密度最低的区域，人口与人口密度呈现由东部向西部地区递减的趋势。第二，2000 ~ 2011 年，中国的城市人口密度呈现波动下降趋势。分区域来看，东部和西部地区人口密度出现先下降后上升的趋势，而中部地区的平均人口密度呈现出缓慢上升的趋势。第三，2000 ~ 2005 年，东部与西部地区的人口和土地面积均出现大幅度扩张，人口密度则有所下降，出现这种现象的原因是东部和西部地区的人口增长速度滞后于土地规模的扩张速度。2005 ~ 2011 年，由于东中部地区人口的增加大于土地规模的增加，因此东中西三个区域的城市人口密度均出现增加。第四，中部地区的城市人口密度呈现上升的趋势，但是 2005 ~ 2011 年的人口密度增长幅度大于 2000 ~ 2005 年的增长幅度。由此可知，中部地区城市在 2000 ~ 2011 年处于城市化阶段，且 2005 ~ 2011 年城市化进程呈现加速现象。

表 3 - 1　2005 年、2011 年、2017 年中国城市分地区人口、面积与人口密度

年份	2005			2011			2017		
地区	人口	面积	密度	人口	面积	密度	人口	面积	密度
东部	18474.82	207458	890.53	19708.3	220615	893.33	19115.00	20124.62	9498.32
中部	11031.65	219435	502.73	11804	224318	526.22	11402.00	11336.00	10058.22
西部	6778.57	167376	404.99	8303.7	198439	418.45	9460.00	8914.71	10611.67
合计	36285.04	594269	610.58	39816	643372	618.86	39977.00	40375.33	9901.34

　　注：人口、面积、密度的单位分别为人口（万人）、面积（平方千米）、密度（人/平方千米）。
　　资料来源：2005 年、2011 年、2017 年《中国城市统计年鉴》数据整理所得。

3.1.2.3　中国分规模城市人口密度的时空状况

　　根据城市市辖区总人口划分城市等级，可以将城市划分为以下几种类型，具体由表 3 - 2 表明。并据此通过表 3 - 3 对 2000 年、2005 年以及 2011 年不同规模城市的数量、人口、土地面积和人口密度进行分析。

表 3 - 2 城市等级划分

城市类型		常住人口	示例城市
小城市（50 万以下）	Ⅰ型城市	20 万以上 50 万以下	秦皇岛、承德、通化、芜湖等
	Ⅱ类城市	20 万以下	宿州、赣州、咸宁、舟山等
中等城市		50 万以上 100 万以下	邯郸、保定、大同、宁波等
大城市（100 万以上 500 万以下）	Ⅰ类大城市	300 万以上 500 万以下	无锡、张家口、金华、衡水等
	Ⅱ类大城市	100 万以上 300 万以下	日照、随州、丽水、保山等
特大城市		500 万以上 1000 万以下	杭州、成都、南京等
超大城市		1000 万以上	北京、天津、上海、武汉、重庆等

资料来源：根据《2016 全国各城市级别划分标准》整理所得。

由表 3 - 3 可知，首先，超大城市、特大城市及大城市的个数在 2005～2011 年与 2011～2017 年均有所增加，中等城市和小城市的数量出现了减少的趋势。其次，各种城市的面积和人口均出现了增长，但大部分城市土地扩张速度快于人口增速。最后，超大城市和中型城市的人口密度出现了大幅下降，特大城市和小城市的人口密度则呈现小幅的上升后下降趋势，变动不大；人口密度增长最快的是大城市，下降最快的是小城市。

表 3 - 3 2005 年、2011 年、2017 年不同规模城市的数量、人口、土地面积和人口密度

人口分组	2005 年				2011 年				2017 年			
	城市数	人口	面积	密度	城市数	人口	面积	密度	城市数	人口	面积	密度
500 万以上	9	7321.42	56408	1297.94	12	9567.2	74267	1288.22	9	5602.0	60890	920.02
200 万～500 万	29	8277.71	70019	1182.21	33	9022.5	94160	958.21	46	13087.0	131680	993.83
100 万～200 万	75	10373.54	166786	621.97	82	11426.3	181553	629.36	94	13184.0	125037	654.4
50 万～100 万	108	7878.74	175992	447.68	108	7859.3	185306	424.13	91	6753.0	196275	344.05
50 万以下	65	2433.63	125064	194.59	52	1940.7	108086	179.55	42	1601.0	121328	131.95
总计	286	36285.04	594269	610.58	287	39816	643372	618.86	284	39977.0	655210	610.14

注：各指标单位分别为：城市数（个）、人口（万人）、面积（平方千米）、密度（人/平方千米）。

资料来源：目前中国城市人口规模等级主要参照城市市区非农人口标准来划分，而本书中的城市人口采用城市市辖区总人口。故本书城市等级的划分参考刘芳在《中国城市人口密度的区域差异及政策建议》中的人口分组。

3.1.3　地级市可持续发展困境

改革开放以来，我国城镇化率迅速提高，常住人口城镇化率从 1978 年的 18% 上升至 2017 年的 58.52%，创造了世界上规模最大、速度最快的城镇化进程。在经济快速发展的同时，我国地级城市也开始面临着越来越多的发展困境。

首先，城市产业结构单一，资源消耗过大。第一，目前我国多数城市产业模式粗放，仍然采取高能耗、高排放的生产方式，致使环境污染不断加剧。2016 年我国废水排放量高达 7353226.83 万吨、一般工业固体废弃物排放为 327029 万吨、二氧化硫排放量为 1859.12 万吨、氮氧化物为 1851.02 万吨、烟尘排放量为 1538.01 万吨。第二，空气污染严重，2016 年全国 338 个地级城市中，空气达标的只有 84 个城市，达标率仅为 24.8%。位于京津冀地区的 11 个城市处于中国污染最严重的前 20 位，污染问题尤为严重。第三，我国 283 个地级市中有 126 个属于资源型城市，其经济发展严重依赖于资源开发，缺乏具有竞争力的优势产业。随着资源的枯竭，城市经济的发展会逐渐受到限制，例如铜陵、阜新、淮北等。如何优化地级市产业结构，减少单位能耗，进而提升生态效率，是目前我国可持续发展的困境之一。

其次，城市人口快速集聚，引发住房与交通问题。第一，由于人口是影响住房需求的重要因素之一，城市人口的增加显著提高了住房压力。2004 年以来，我国位于 25~49 岁之间的人口数量大幅增长，大量适龄购房人群提升了对住房的刚性需求，使我国房价长期居高不下。第二，过多的城市人口导致了严重的交通拥挤，截至 2015 年 6 月底，我国机动车保有量为 2.71 亿辆、汽车 1.63 亿辆。然而城市道路规划缺乏前瞻性，往往导致拥堵现象频发。总之，人口压力过大容易使得我国地级市急于解决住房、交通等问题时，忽略整体规划的合理性和协调性，往往导致城市经济增长过快，生态效率不足，为城市之后的发展设下重重障碍。

最后，城市面积无序扩张，缺乏正向外部性。第一，我国地级市盲目扩张的后果之一是，城市单位面积产值低下。这一现象在我国广泛存在，以经济发达的上海和深圳为例，2016 年，两地 GDP 分别为 26688 亿元和 19492.6 亿元，然而深圳市每平方千米的产值为 9.76 亿元，而上海仅有 4.21 亿元，远落后于国际上发达城市。从总体上看，我国每年有大量土地由耕地转换成城市建设用地，而现阶段经济每增长1%所需的土地面积为日本的8倍，土地利用效率低下，生态效益缺乏。第二，我国城市群发展缺乏全局协调性，由于我国分权制的存在，各地区的地级市在发展过程中既有合作又有竞争，区域核心城市的发展经常以其他城市资源环境损失为代价，形成"以邻为壑"的增长方式，正向外部性不足。各城市每平方千米GDP数据见表3–4。

表3–4　　　　　　　各城市每平方千米GDP（2004年数据）

城市	纽约	洛杉矶	芝加哥	伦敦	多伦多	大阪	东京	首尔	香港	深圳
GDP（美元）	4070	1960	1460	2847	1419	1910	7848	1980	1640	413.29
面积（km²）	780	1200	590.5	1580	632	204	2155	605	1103	1996.85
GDP/km²	5.22	1.59	2.47	1.80	2.25	9.36	3.64	3.27	1.49	0.21

资料来源：经济性预测系统（EPS）城市数据库。

以上种种问题，说明我国城市发展遭遇着紧迫的资源困境，解决这一难题的关键在于改善城市生态效率。在经济活动中，生产过程并不是完全按照人类的设想进行的，人们在追求产出或者价值最大化的同时，经济活动不仅会消耗大量资源，而且会带来一些"非期望产出"，即所谓的污染问题，例如，工业废水、废气、固体废弃物等。非期望产出越多，说明污染或者能源消耗率越高，对生态和环境的破坏就越大。随着我国经济发展由高速转向中高速的新常态，环保可持续发展观念更加深入人心，我国国民经济的发展结构随之向着低碳、环保、节约型经济转型。在这一过程中，如何提升城市生态效率，进而实现可持续发展，是我国地级市当前发展问题的重中之重。

3.2　城市生态效率的测算模型与数据处理

3.2.1　城市生态效率的测算模型

数据包络分析方法（DEA）由运筹学家查恩斯和库柏（Charnes and Cooper,

1978）以相对效率为基础建立的效率评价方法。DEA 使用数学规划模型评价具有多输入、多输出的"部门"或"单元"间的相对有效性，是一种非参数的统计方法。该模型对于评价复杂系统的多投入多产出分析具有独特思路，DEA 包含两种基本模型，分别是基于规模报酬不变假设下的 CCR 模型和基于规模报酬可变假设的 BBC 模型（该模型由 Banker，Charnes and Cooper 于 1984 年提出，简写为 BBC 模型），目前除上述两种模型外，还包括 FG 模型（规模收益递减）、ST 模型（规模收益递增）。因为 DEA 模型在效率评价方法方面的良好适用性，国内外学者将之广泛运用于各个领域，并取得了丰富的研究成果。谢尔曼和戈尔尔德（Sherman and Gold，1985）首次将 DEA 引入银行业作为银行效率评价方法，并用于寻找低效率支行。迪克霍夫和艾伦（Dyckhoff and Allen，2001）在传统 DEA 模型的基础上加入优选结构，对 DEA 模型进行了扩展。

萨尔基斯（Sarkis，2001）认为生态效率对于企业制定双赢战略具有重要意义，DEA 模型作为环境绩效评估工具其使用受到一定限制，在此基础上对 DEA 模型进行扩展并使用了六种 DEA 模型对电厂的生态效率进行了测算与对比。高亨（Korhonen，2004）运用扩展的两种数据包括分析方法，对欧洲 24 家发电厂的生态效率进行测算。库奥斯马宁和科特列能（Kuosmanen and Kortelainen，2005）将基于 DEA 模型的生态效率测算和评价方法运用于芬兰三大城市的公路运输生态效率的评价中。吴和尹等（Wu and Yin et al.，2016）从偏好视角对传统 DEA 模型进行扩展，用以表示兴趣偏好参数与效率分数变化间的相互关系，并使用中国 30 个省份的数据进行了实证分析。

安德森和彼得森（Andersen and Petersen，1993）提出了 CCR 模型的改进模型，即超效率 DEA 模型。超效率 DEA 模型是在 DEA 模型的基础上，针对有效决策单元效率值的对比基础上提出来的，解决了传统 DEA 模型在评价决策单元效率时出现的多个评价单元均处于生产前沿面而无法进一步评价的问题，使有效决策单元能够进行相互比较。超效率 DEA 模型将城市生态系统视为一个投入—产出系统，充分考虑了城市生态效率的本质特性，因此能够准确地评价生态单元的相对有效性。同时，作为非参数模型的一种，DEA 模型不需要对生产函数的具体形式进行预设，不受单位量纲影响，而且能够避免因函数设置和指标权重确定而造成的结果偏误（杜官印，蔡运龙，2010；梁流涛，赵庆良，陈聪，2013；林坚，马珣，2014）。因此本书采用超效率 DEA 来测算城市生态效率。

现有研究通常首先对投入变量和产出变量进行设定，进一步利用双曲线法等方法将非期望产出要素纳入经济效率模型（Färe，1989）。其中，将环境排放作为非期望产出纳入生产过程的方法得到了较为广泛的应用。如钟、法勒和格罗斯科夫（Chung Y.，Färe and Grosskopf，1997）将污染排放纳入生产过程，提出了基于方向性距离函数的环境规制行为分析模型，较好地解决了非期望产出的效率评价问题。然而，这种方向性距离函数在评价效率时是径向、角度的DEA 模型，不能充分考虑到投入产出的松弛性，同时需要做出基于投入或产出的选择，忽视了投入或者产出的某一个方面，使最终度量出的效率值可能存在偏差。为了解决该问题，托恩（Tone，2001）提出了基于松弛的非径向、非角度的 SBM（slack-based measure）模型。为此，本书将环境损失纳入生态效率评价体系中，采用 SBM 模型估算各个地级市的生态效率。

将每个城市视为生产决策单元（DMU），假设每个 DMU 有 m 种投入 $x = (x_1, \cdots, x_m) \in R_+^m$，产生 n 种期望产出 $y = (y_1, \cdots, y_n) \in R_+^n$ 和 k 种非期望产出 $b = (b_1, \cdots, b_k) \in R_+^k$，则第 j 个省（市、区）第 t 期的投入和产出值可以表示为 $(x^{j,t}, y^{j,t}, b^{j,t})$，则构造出测算生态利用效率的生产可能性集：

$$P^t(x^t) = \left\{ (y^t, b^t) \mid \bar{x}_{jm}^t \geqslant \sum_{j=1}^{J} \lambda_j^t x_{jm}^t, \bar{y}_{jn}^t \leqslant \sum_{j=1}^{J} \lambda_j^t y_{jn}^t, \bar{b}_{jk}^t \geqslant \sum_{j=1}^{J} \lambda_j^t b_{jk}^t, \right.$$
$$\left. \lambda_j^t \geqslant 0, \forall m, n, k \right\} \tag{3-1}$$

基于托恩的研究，构建如下 SBM 模型：

$$\rho^* = \min \frac{1 - \frac{1}{m} \sum_{i=1}^{m} \frac{\bar{x}_i}{x_{i0}}}{1 + \frac{1}{n+k} \left(\sum_{r=1}^{n} \frac{\bar{y}_r}{y_{r0}} + \sum_{l=1}^{k} \frac{\bar{b}_l}{b_{l0}} \right)}$$

$$s.t. \begin{cases} x_0 = \sum_{j=1, \neq 0}^{J} \lambda_j x + \bar{x}, \\ y_0 = \sum_{j=1, \neq 0}^{J} \lambda_j y - \bar{y}, \\ b_0 = \sum_{j=1, \neq 0}^{J} \lambda_j b + \bar{b}, \\ \bar{x} \geqslant 0, \bar{y} \geqslant 0, \bar{b} \geqslant 0, \lambda_j \geqslant 0 \end{cases} \tag{3-2}$$

其中，$\bar{x}$，$\bar{y}$，$\bar{b}$ 分别为投入、期望产出和非期望产出的松弛量；λ_j 是权重向量，若其和为 1 表示规模报酬可变（VRS），否则表示规模报酬不变（CRS），考虑到资源与环境投入产出的规模报酬规律，本书选择规模报酬可变；目标函数 ρ^* 越大表明越有效率，且 $0 \leq \rho^* \leq 1$，如果 $\rho^* < 1$ 则表明评价单元是无效率的，存在投入产出改进的空间。

3.2.2　生态效率的测算指标与数据来源

关于生态效率评价指标的确立可以根据生态效率的概念进行分析，生态效率的内涵简而言之就是经济增加值与环境影响的比值，其涉及经济价值与环境影响两方面的内容，传统上讲经济价值是产出类指标，环境影响作为投入指标，因此在对于生态效率评价指标的构建需要根据不同的评价对象进行选择。针对企业层面的生态效率评价，达尔斯特伦和艾肯（Kristina Dahlstrom and Ekins，2005）选取了资源生产率、资源效率与资源强度等三大类共 11 项指标对英国的钢铁和铝制品行业的生态效率进行了评价。针对国家及区域层面的生态效率评价，霍夫兰（Hoffren，2001）设计了芬兰 Kylnenlaakso 地区的五类国家经济创造福利的生态效率指标。惠、肖和西贝尔（Höh、Schoer and Seibel，2002）构建的德国的环境经济核算账户中包含了三大类 8 项指标。

基于可比性、系统性原则，统筹考虑数据的可得性问题，本书选取 2003 ~ 2017 年 280 个地级市的面板数据进行实证检验[①]。由于部分地级市所辖县较多、数据收集难度过大，这里所用数据均是市辖区的数据。数据主要来源于历年《中国城市统计年鉴》《中国城市建设统计年鉴》和相关年份的各省份统计年鉴，部分缺失数据采用插值法补全。

3.2.2.1　投入指标

经典的生产函数表明，生产的基本投入要素包括两种：资本和劳动力，而土地利用是城市经济的空间载体，为此，投入要素包括劳动力、土地和资本存

---

① 为了进行有效对比，本书的研究对象为除巢湖市、合肥市、毕节市、铜仁市和拉萨市以外的 280 个城市，主要是因为巢湖市 2011 年被调整为县级市，划归合肥市代管，其数据存在重叠，所以将这两个城市从样本中剔除；毕节市和铜仁市于 2011 年设立，统计口径前后不一致；拉萨市部分数据不全。

量。其中劳动力用市辖区内年末单位从业人员数表示，土地以建成区面积表示。资本存量参考张军等的方法计算，物价用城市所在省份的物价指数代替（投资的平减价格指数 = 0.45 × 所在省份的固定资产投资价格指数 + 0.55 × 所在省份的消费价格指），并假定资本存量增长率与实际投资增长率一致，计算基年资本存量（选用 2003 年为基期）。

3.2.2.2 产出指标

期望产出。期望产出是指人们在实际经济活动中期望获得的产出，例如企业家投入资本，希望获得期望的利润；工人付出劳动，期望获得预期的工资；科学家投入时间与精力，希望获得期望的研究成果。实际上无论是期望利润，还是工资以及科学家想研发的专利，其收益的载体总是产品或者劳务。衡量一国或者某一地区所生产的所有产品或者劳务的市场价值总和，即一国或者某一地区的 GDP。由于 GDP 容易受到价格的影响，因此为了剔除价格变动的因素，使数据易于比较，这里采用以 2000 年价格为基期的 GDP。

非期望产出。在我们的经济活动中，除了获得期望的产出之外，还会有一些副产品，即所谓的污染问题。常见的"非期望产出"有工业"三废"的排放量、二氧化硫排放量、化学需氧量以及二氧化碳排放量等。二氧化硫有两个来源，即人为污染和天然释放。其中天然释放主要来自陆地与海洋生物残体的腐解和火山喷发等，自然排放数量非常少；认为污染主要来自于煤炭和石油的燃烧，与工业活动密切相关。既存在能源消耗中，又属于非期望产出；由于超效率 DEA 模型要求非期望产出指标不宜过度，考虑到数据的可获得性以及废气中二氧化硫与工业活动密切相关且主要排放源为人类生产活动，因此本书选取城市工业废水排放总量、工业二氧化硫排放总量作为非期望产出。

3.2.2.3 描述性统计

根据生态效率测算指标的构建，将投入指标、期望产出指标和非期望产出指标的描述性统计构建在表 3 - 5 中。就投入指标来说，全国地级市年末单位从业人员数平均水平为 23 万人，均值水平更接近于最小值而不是最大值，反映出中小城市所占权重更高，虽然单个城市吸纳了较多的就业人群，但中小城市群体性吸纳的能力更大；从建成区面积来看，也反映了这一点，地级市建成区面积平均保持在 95 平方千米的水平上，这进一步说明了中等城市和部分大城市主体作用的重要性，这对于未来多层次的城市化发展思路提供了一个良好的参考。此外，就资本存量来说，平均水平距离最大资本存量水平更接近，凸显了大城市尤其是特大城市在资本存量方面的优势。

表 3 – 5　　　　　　　　　生态效率测算指标的描述性统计

指标分类	变量名	样本数	均值	标准差	最小值	最大值
投入指标	年末单位从业人员数（万人）	4200	41	33	1	457
	建成区面积（平方千米）	4200	123	123	5	3371
	资本存量（万元）	4200	3392053	5480361	302	50937800
期望产出指标	地区生产总值（万元）	4200	9364726	11400000	98283	145002302
非期望产出指标	工业二氧化硫排放量（吨）	4200	67251	50898	3	496377
	工业废水排放量（万吨）	4200	7471	9384	17	91260

资料来源：EPS 城市数据库。

就期望产出指标，即地区生产总值来说，平均而言我国地级市 GDP 为 936 亿元，与经济实力最为雄厚的地级市生产总值 1.45 万亿元存在很大的差距，这说明一方面我国地区增长极作用凸显的同时，城市之间整体的发展水平提升则较为缓慢，城市经济差距进一步拉大。就非期望产出而言，我国工业二氧化硫排放量与工业废水排放量也呈现出这一特点，工业污染排放水平与城市规模大小表现出正相关关系，经济实力更为强劲的地区其工业基础往往相对较好，而污染排放总量也相对更大。

3.3　中国地级市生态效率的特征

3.3.1　总体特征

3.3.3.1　整体生态效率水平普遍偏低

第一，除少数城市的生态效率值可以达到 1 的水平外，2003 ~ 2017 年，中国城市生态利用效率普遍偏低，大部分城市土地利用效率处于中低层次。近一半城市的生态效率集中于 0.25 ~ 0.5（125 个城市，占比 44.6%）；21 个城市的城市生态效率低于 0.25，占比 7%；9.3% 的城市属于 0.5 ~ 0.75；仅有 46 个城市（占比 16.4%）的城市生态效率大于 0.75，280 个地级市的效率均值为 0.456。生态效率均值该结果高于吴得文等（2011）、张志辉（2014）（数值为 0.371）和梁流涛（数值为 0.414）的结果，其原因可能是上述文献的研究时期并不一致。

第二，生态效率水平的高低状况与经济发展水平呈现正相关关系，例如，北京、上海等经济迅速增长地区，生态效率约为 1，相反中西部经济欠发达城市的生态效率水平则相对偏低。

上述现象与我国的经济现状相符，主要原因可以从以下角度进行分析。生态效率是产出与投入之比，投入可以用资源和环境污染代表，当投入的资源与环境污染较少时，产出水平则出现较高的状况，生态效率值则相应较高。由此可知生态效率与生产率概念相类似，二者的根本目的均为在投入一定的情况下实现产出最大化。中国经济发展现状主要表现出以下特征：首先，就经济发展水平而言，我国虽然经济增长速度很高、经济规模很大，但是我国人口总量较大、人均收入处于世界的平均水平，因此目前我国仍处于中等收入阶段；其次，工业化的阶段来看，我国目前正处于后工业化阶段，经济发展的技术水平不高、产品处于中低端；再次，从我国内部的经济差距看，东中西三大区域经济差距较大，东部地区虽然经济发展水平比较高，局部地区赶上甚至超过了一些高收入国家，但是中西部地区经济发展水平普遍低，由 2017 年各省份的数据可知，天津当年人均 GDP 为 118900 元，位居中国第一，同年和田为 18967 元，在中国所有地级市中人均 GDP 最低，二者差距为 6.3 倍；江苏省 GDP 为 85869.76 亿元，苏州 GDP 为 17319.51 亿元；同年，新疆 GDP 为 10881.96 亿元，江苏省仅一个苏州市的 GDP 就远超整个新疆，我国各城市之间经济发展水平差异比较大，国内不同地区的差距大于我国与发达国家的差距。在此背景下，我国的总体生产率水平处于相对较低水平，加之经济发展依然属于高投入、高污染的粗放发展模式，因此生态效率长期徘徊在较低水平。上述因素导致我国总体生产效率水平偏低，加之在此背景下我国仍采取高投入、高污染的粗放发展模式，因此生态效率徘徊在较低水平。

虽然我国城市生态效率出现普遍较低现象，但在放弃盲目扩张、推进内涵建设等措施的推进下，城市生态效率存在巨大的提升空间与潜力。

3.3.3.2　地级市生态效率呈现先下降后上升的态势

由表 3 - 6 可知，从时序特征来看，2003 ~ 2017 年，中国地级市生态利用效率总体呈现先降后升态势。极点出现在 2006 年左右，2004 ~ 2006 年，我国生态效率值不断下降；2006 ~ 2017 年，生态效率值逐渐提高，呈缓慢上升之势。

表 3 - 6　　　　　　　2003 ~ 2017 年中国城市生态效率变化

年份	效率值	年份	效率值
2003	0.1723	2011	0.15646
2004	0.1773	2012	0.15945
2005	0.18292	2013	0.17224
2006	0.11498	2014	0.17645
2007	0.13176	2015	0.18742
2008	0.12982	2016	0.18773
2009	0.14863	2017	0.18996
2010	0.14153		

资料来源：作者测算所得。

关于为何极小值点会出现在 2006 年，部分学者认为是由于在此期间我国提高了环境标准、加大了环境治理力度，但该解释存在些许疑问。虽然近几年我国不断增强环境治理的力度，但是这种力度的加强并非从 2006 年就开始，而且政府的力量总是有限的、政策发挥效力也需要时间，因此不可能出现当年提高环保标准的同时当年环境质量就随之改善的现象。本书认为，2006 年以后生态效率开始提高的可能原因是市场自发作用的结果。自改革开放以来，我国经济持续高速增长，虽然在保持高速增长的同时消耗了大量的资源、导致了大量的污染。但是不可否认的是，在经济高速增长的过程中，我国经济结构也相应进行持续调整、经济发展的质量也在不断提高。但经济结构的改善不可能是一蹴而就的，是一个比较漫长的过程。当经济结构的改善、技术水平提高不明显的时候，产出的增长赶不上资源的消耗与污染的增加，但这种状态不可能一直持续下去，随着技术的进步和经济结构的持续改善，资源消耗与污染排放的增速总要下滑，因此就导致了生态效率下滑到 2006 年最低，此后呈现上升趋势。从理论上讲，该现象可以通过环境库兹涅兹倒 U 形曲线进行解释。环境库兹涅兹倒 U 形曲线认为随着一国经济的发展，生态环境不断恶化但当经济发展到某一程度之后，环境就会出现不断改善趋势。其背后的内涵为，在经济发展的过程中，经济结构、技术水平会不断改善，改善的初期效果并不明显，生态环境会持续恶化；当经济结构与技术水平提高到一定程度时，生态环境开始改善，在这个阶段也是城市生态开始提高的阶段。除上述解释外还存在一种观点认为，当论证我国经济发展为高投入、高污染类型时，由于数据可得性等问题的限制我们习惯用 2006 年之前的数据，很少用 2006 年之后的数据，这从侧面证明了我国城市生态效率确实是从 2006 年左右开始改善。

3.3.2 区域特征

为了考察环境约束下中国城市生态利用效率的区域性差异特征，通过计算生态利用效率的泰尔系数，并进一步计算东、中、西三个区域的差距以及三个区域内部城市间的差异及对总差异的贡献，其中东部地区包括辽宁、河北、北京、天津、山东、江苏、浙江、上海、福建、广东、广西和海南；中部地区包括黑龙江、吉林、内蒙古、山西、河南、湖北、江西、安徽和湖南；西部地区包括陕西、甘肃、青海、宁夏、新疆、四川、重庆、云南、贵州和西藏。

3.3.2.1 泰尔指数

泰尔指数（Theil index），又称泰尔熵标准（Theil's entropy measure）最早是由荷兰经济学家 Theil H. 于 1967 年利用信息理论中熵概念的基础上发展而来的。泰尔指数是用来分析区域差距或者个人差距的一个重要指标，类似基尼系数，它可以用于分析区域总体、区域间以及区域内的差距及变化，因此在区域研究中获得普遍重视。以收入差距为例，泰尔指数的计算公式为：

$$T = \frac{1}{n} \sum_{i=1}^{n} \frac{y_i}{y} \ln\left(\frac{y_i}{y}\right)$$

其中，T 表示泰尔指数；y_i 为第 i 个地区的收入；$\bar{y}$ 表示所有个体的平均收入。一般情况下，泰尔指数大于或者等于 0，泰尔指数的绝对值越小，则表示收入分配越平等。如果收入份额与人口份额相等，即对数中二者比值为 1，此时泰尔指数为 0，表明地区之间没有差距。如果份额之比大于 1，表明该地区比较发达；如果小于 1，则表明该地区比较落后。假设存在 A、B 两个地区，A 地区在收入份额中所占比例为 0.7，人口比例为 0.3；B 地区收入份额所占比例为 0.3，人口为 0.7，则泰尔指数为 0.7×0.368 + 0.3×（−0.368）= 0.1427。另外泰尔指数又可以表示为 $T = T_b + T_w$，其中，T_b 表示群组间差距；T_w 表示群组内差距。二者与 T 的比值即为泰尔指数贡献率，可以用来分析组间差距与组内差距对泰尔系数的影响。对于分组数据，泰尔指数也可以表达为：

$$T = \sum_{k=1}^{K} w_k \ln\left(\frac{w_k}{e_k}\right)$$

其中，w_k 表示第 k 组收入占总收入的比重；e_k 表示第 k 组人口占总人口数的比重。泰尔指数还有取负数的可能性，当泰尔指数为负时表明与以前相比收入分配发生了逆转。例如 A、B 两个地区中 A 的泰尔指数为正，B 的泰尔指数为负，且 A 的泰尔指数绝对值大于 B 的绝对值，此时整个社会的泰尔指数就是正的，说明在社会分配中 A 处于有利地位。如果收入分配发生变化，现在 A 的泰尔指数为负、B 的泰尔指数为正，且 A 的绝对值大于 B 的绝对值，那么此时整个社会的泰尔指数就是负的，表明 B 在社会分配中处于有利地位。由于泰尔指数计算相对简便，因此自被提出后被学者广泛使用。米斯基维奇（Miśkiewicz J.，2008）基于泰尔指数，将时间序列重新映射到熵概念上用来测量发达国家之间的平均距离随时间的变动情况，并以此为依据对经济全球化进程进行分析。

3.3.2.2　基于泰尔指数的结构特征分析

利用泰尔指数对生态效率的差异进行分析。通过测算全国泰尔指数，我们可以发现：中国区域城市的环境约束下生态利用效率存在较为显著的差异性特征。生态利用效率差异最大和最小的年份分别为 2005 年和 2013 年。从表 3 − 7 泰尔指数变动情况来看，2004~2013 年，中国城市生态利用效率差异整体上呈波动衰减态势，两个波谷分别在 2009 年和 2013 年。这表明中国城市的环境约束下生态利用效率差异具有缩小的趋势。

表 3 – 7　　　　　　　　　　2003～2017 年泰尔指数及其贡献率

年份	泰尔指数						泰尔指数贡献率				
	全国	东部	中部	西部	区域内	区域间	东部	中部	西部	区域内	区域间
2003	0.1432	0.1465	0.1294	0.1368	0.1346	0.0061	0.3563	0.3235	0.2898	0.9585	0.0431
2004	0.1399	0.1394	0.1275	0.1351	0.1339	0.0059	0.3489	0.3224	0.2863	0.9576	0.0424
2005	0.1536	0.1839	0.1138	0.1474	0.1483	0.0054	0.4189	0.2618	0.2844	0.9651	0.0349
2006	0.1423	0.1308	0.1191	0.1540	0.1335	0.0088	0.3217	0.2958	0.3207	0.9383	0.0617
2007	0.1163	0.1008	0.1119	0.1219	0.1110	0.0053	0.3033	0.3400	0.3107	0.9541	0.0459
2008	0.1209	0.1290	0.0912	0.1205	0.1131	0.0078	0.3736	0.2667	0.2955	0.9359	0.0641
2009	0.1186	0.1286	0.0893	0.1147	0.1106	0.0080	0.3797	0.2663	0.2868	0.9327	0.0673
2010	0.1322	0.1422	0.1183	0.1179	0.1265	0.0056	0.3765	0.3163	0.2645	0.9573	0.0427
2011	0.1363	0.1367	0.1134	0.1256	0.1251	0.0112	0.3508	0.2941	0.2730	0.9178	0.0822
2012	0.1247	0.1180	0.1219	0.1105	0.1171	0.0075	0.3313	0.3456	0.2628	0.9396	0.0604
2013	0.0887	0.0811	0.0963	0.0848	0.0876	0.0012	0.3199	0.3837	0.2834	0.9870	0.0130
2014	0.1135	0.0982	0.1089	0.1072	0.1131	0.0043	0.3233	0.3675	0.2786	0.9761	0.0599
2015	0.1196	0.1038	0.1234	0.1238	0.1239	0.0051	0.3351	0.3782	0.2752	0.9831	0.0611
2016	0.1376	0.1231	0.1287	0.1301	0.1196	0.0037	0.3348	0.3716	0.2687	0.9793	0.0703
2017	0.1343	0.1187	0.1186	0.1234	0.1175	0.0041	0.3286	0.3698	0.2721	0.9711	0.0801

资料来源：作者测算得到。

从泰尔指数结构分解来看，区域间泰尔指数整体较为稳定，而区域内泰尔指数变动则呈波动衰减过程，波谷分别出现在 2009 年和 2013 年，区域内泰尔指数最小值和最大值分别出现在 2013 年和 2005 年，与全国泰尔指数的规律基本一致。2003～2017 年，区域内泰尔指数（均值为 0.129）均大于区域间泰尔指数（均值为 0.0069）。以上结果表明，中国城市生态利用效率的差异主要为区域内差异。对区域内泰尔指数进行三大区域分解，发现东部区域差异最大，西部次之，中部最小。从三大区域泰尔指数贡献率来看，历年区域内泰尔指数贡献率均位于 90% 以上，表明区域内差异是中国城市生态效率差异的主要方面。区域内差异分解结构表明，东部区域对总体差异的贡献约为 35%，中部地区接近31%，而西部大致为 29%，但总体来看，东部地区的贡献率呈波动下降态势，中部地区贡献率表现相对平稳，而西部地区的贡献率呈上升态势。由表 3 – 7，可以得到以下结论：

第一，从东部地区的视角来看，我国东部既包括了北上广等最发达城市，也包括广西、海南、辽宁等经济落后地区。导致东部地区经济发展水平差距非常大，因此在生产效率上也自然存在着巨大的落差，导致东部地区的生态效率差异最大。然后，对于西部地区，我国西部地区同样存在经济发达地区。以重庆为例，其经济增速连续几年排名中国第一，人均 GDP 居全国前十，经济发展水平比较高。然而，西部也有经济发展较差的地区，如甘肃、青海等地。整个西部地区经济发展差距也呈现较大态势，但其差距程度相比东部地区略小。因此西部地区的生态效率差距介于东部与中部之间，符合实际情况。中部地区各省经济发展水平比较均衡，差距比较小，因此其生态效率间的差距在全国最小。

第二，我国东部地区生态效率最高，中部次之，西部生态效率最低。生态效率是地区经济实力的表现，我国东部地区经济发展较好，多数省份的经济发展水平与发达国家比较接近，产业结构、企业技术水平、政府的环保政策、基础设施明显优于我国其他地区。无论是从经济实力或是技术水平，东部地区都有足够的资源在改善环境、减少能源投入的同时保持经济的快速发展。以外商投资来看，当前外商对我国的投资多集中于东部，而且通常集中于高新技术产业或者服务行业。因此外商投资能够在带来经济产出增加的同时，减少污染物的排放。不仅如此，外商投资对环境保护还有间接效应。外商投资所带来的先进技术和管理经验，能够进一步提高资源利用效率，减少污染物排放，间接提升东部地区生态效率。

第三，中西部地区经济发展比较滞后，在产业承接的过程中往往更重视经济效益而忽视环境效益，导致污染物排放增加。以皖江产业转移示范区为例，由于过多承接高污染、高耗能产业，致使中部地区的污染问题加剧。尽管中部崛起战略实施以来，中部地区在经济发展水平上有了大幅提升，但与东部地区的差距仍不可忽视，这些因素共同导致了中部地区的生态效率低于东部。与此同时，西部地区很多省份地理位置偏僻，缺乏区位优势和技术援助，更由于"资源诅咒"陷阱的存在，能源储备丰富的西部地区对能耗关注较少，环保政策宽松。因此虽然西部大开发战略实施已久，但西部地区的经济发展水平仍远远低于我国中部和东部，因此西部城市的生态效率处于全国最低水平。

此外，由表 3-7 可以看出，虽然中部、西部生态效率在总体上低于东部地区，但是中部和西部部分城市的生态效率明显高于部分东部城市，例如武汉市的生态效率优于东部的常州。究其原因，中西部多数省份经济发展水平低于东部，但采取了点轴式的发展模式，即集中资源建设少数城市，希望以此带动其他地区的发展。以湖北省为例，2017 年湖北省实现 GDP 36522.95 亿元，武汉市 GDP 为 13410.34 亿元，占湖北省的 36.7%。作为对比，2017 年南京市 GDP 为 11715 亿元，低于武汉市。湖北省的经济发展水平低于江苏，然而武汉市的城市发展水平基本和南京市相当，因此南京市和武汉市的城市生态效率差距并不大。这一现象广泛存在，如合肥市在安徽的城市首位度为 2.3，即在安徽省内合肥市的 GDP 是排名第二的芜湖市的 2.3 倍。其工业产值高达 9300 亿元，占安徽全省工业产值的一半。全力打造省会城市的结果就是各种公共资源，如交通、医疗、教育等在省会集中，从而实现单个城市经济的快速发展，因此生态效率相对较高。但代价是其他地区的生态效率的进一步降低，由于优势的资源集中于单一城市，而资源总量有限，其他地区的经济发展会更加困难。

3.3.3 空间特征

从城市个体差异视角看，最小的效率均值仅为 0.162，不足前沿面效率值的 1/6，可见中国地级市间土地利用效率空间差异较大。2003～2017 年，中国 280 个地级市土地利用效率空间分布呈现较大差异：东部城市的土地利用效率大于中西部地区，西部地区城市的土地利用效率大于中部地区。这个现象也表明，中国城市土地利用效率存在"中部塌陷"现象。出现这个现象的原因可能是：随着东部地区的经济发展转型、环保意识增强和环境规制强度加大，一些高能耗、高排放和低效率的产业逐步向中西部地区转移[1]，而中部地区是产业转移的前沿地带，过去一段时期的产业转移份额大于西部地区[2]，这导致考虑非期望产出条件下的土地利用效率出现"中部塌陷"的现象。这也进一步说明，相对而言，中部地区城市的经济发展与资源环境可持续发展之间的矛盾更加突出。

---

① 李小胜，余芝雅，安庆贤. 中国省际环境全要素生产率及其影响因素分析 [J]. 中国人口·资源与环境，2014，24 (10)：17-23.
② 胡安俊，孙久文. 中国制造业转移的、机制、次序与空间模式 [J]. 经济学（季刊），2014 (4)：1533-1556.

3.3.4　城市规模差异

根据 2014 年国务院发布的《关于调整城市规模划分标准的通知》，以各城市 2017 年末总人口数为依据，将所有地级市分为三类：小城市（城区常住人口在 50 万以下）、中等城市（城区常住人口在 50 万以上 100 万以下）和大城市（城区常住人口在 100 万以上）。2003～2017 年，不同规模等级城市土地利用效率均值分布情况见表 3 - 8。

表 3 - 8　　　　2003～2017 年 280 个地级市不同规模等级城市
生态效率均值差异

城市等级	城市个数	平均值	标准差	中位数	最小值	四分位数（Q1）	四分位数（Q3）	最大值
大城市	147	0.439	0.196	0.321	0.172	0.257	0.418	1.000
中等城市	88	0.431	0.172	0.316	0.162	0.263	0.368	1.000
小城市	45	0.524	0.230	0.381	0.210	0.305	0.492	1.000

从表 3 - 8 可以发现，2003～2017 年，中国地级市大城市、中等城市和小城市生态效率的均值分别为 0.439、0.431 和 0.524，这表明城市规模等级与生态呈 U 形关系。从效率分布来看，尽管少数大城市、中等城市生态效率较高，但是大多数城市效率值极低，降低了整体效率水平，小城市在生态效率上具有明显优势，由此可见，推进小城市的发展有助于提高中国生态效率。

第4章
产业集聚、产业专业化与
城市生态效率

4.1 产业集聚的内涵与测度

4.1.1 产业集聚的内涵特征

4.1.1.1 从要素集聚角度分析

所谓产业集聚，是指通过研究某一特定的区域，探索企业、劳动力、组织机构和政府之间的相互关系，以及供销商与消费者之间的联系，使得该区域内企业能够获得范围经济和规模经济的效益。借外部性或者外部经济实现区域内生产成本的降低，提高产业的发展水平，从而实现产业集聚度的提高。

不同行业的企业集聚到同一区域，不仅丰富了该区域企业的多样性，也使得促进该企业发展的生产要素也一并向该区域流动，这些生产要素包括优质的劳动力，充足的资金投入以及便捷的运输等。随着越来越多的投入品和生产要素的集聚，会使得平均生产成本下降，而企业的收益会因平均生产成本的下降而上升。与此同时，伴随着投入产品的分工细化越具有专业化水平，促进了企业的生产效率和资源的配置水平，所以，要素的流动进一步促进了企业向该地区的集聚。

从资本集聚角度来看，由于资本的自由流动会影响产业集聚区内的企业，进而影响一个省份的产业布局状况，并最终会加强产业集聚区的竞争优势以及区域的可持续发展性。这主要体现在以下三个方面：

第一，社会资本存量与流量与交易费用。市场经济由于其信息的不完全性，使得在不完全市场中合约是不稳定的，在合约执行的过程中，可能出现道德风险与违约风险，使得企业的交易成本过高，导致合约最终无法签订和履行。相反地，如果一个社会的资本存量较高，那么道德风险和机会主义就会得到很好的防范，从而使得企业的交易成本降低，经济会变得更具效率，该地的营商环境也会趋好。产业集聚的运行机制的一大利好就是非文字性的口头承诺和交换中的"延迟性支付"，良好的营商环境会让这种事件发生的机会成本降到最小。企业之间进行商贸往来，最重要的基础就是相互信任，有效的信任机制能够显著地降低交易成本，如果信任机制被破坏，或者是契约制度建立的不完善，会使得产业集聚区内的企业产生戒备心理，交易费用随着戒备心理的出现而水涨船高，最严重的后果是该区域内交易机制被完全摧毁。

第二，资本与产权的激励。合理完善的产权激励机制，能够促进人力资本的有效供给，降低劳动供给者在签订合约时的道德风险。

第三，由于企业之间的文化背景相似，价值观念相近，会形成区域内独具特色的企业文化，且由于企业之间距离的缩进，会使得知识的扩散更具效率，大大促进了产业集聚区内核心技术的创新。

4.1.1.2　从合作竞争关系角度分析

对产业集聚的另一种分析是企业之间的博弈竞争关系，总的来说，就是特定区域内，企业通过谋求合作的方式来实现自己的发展，企业会在开发出创新产品和转移全新领域之间进行选择。在信息不对称的情况下，企业会严格限制自己与竞争对手之间的信息交流，最小化其面临的潜在风险，以保持自己在所在领域的竞争力。而企业的集聚会在很大程度上消除企业之间的相互猜疑和忌惮，推进相互协助机制的完善，企业之间相互信任会降低信息不对称所带来的违约成本，从而获得内部发展的规模经济。

"弹性专业化"最先由皮埃尔和查尔斯在他们合著的《第二次产业分工》中提出，弹性专业化概括来说就是一种持续创新的新型战略，企业根据不断变化的市场环境，灵活地调整自身的生产和销售模式，来满足客户不断变动的消费需求。在集聚区内，企业的协同程度高，专业化强，分工明确，可以快速满足顾客的专业化需求，提高区域发展的竞争力。

4.1.1.3　社会网络角度分析

在新产业经济理论中，打破了个体与个体之间存在的无法直接产生关系的限制，肯定了"网络关系"对产业经济发展的作用。在市场交易中，也是各方面利益关系的博弈，市场中个体、组织机构的经济行为不仅受市场环境的制约，也受到他们在社会网络中的定位影响。总的来说，社会中的人不再是一个单独的个体，而是各方利益的凝结点。所以，在一个社会中，民主和信誉的程度不仅会对社会团体的缔结产生影响，也会影响区域内的创新能力和吸引外界企业进入的社会化大网络环境。

社会网络研究四方面的内容。一是不平衡性理论。该理论认为由于个体之间的资源分布不平衡，决定了个体和组织在获取资源能力上的差异。二是根治理论。该理论研究的是在网络大环境下，所处位置关系和制度方式对复杂交易行为产生的影响。三是接触理论，这个理论研究了网络引导组织或者区域的技术交流渠道，从而影响区域内对于创新的接受程度。四是权变理论，该理论研究的是网络如何根据其实际所处情况改善组织的方式。社会网络能够拓宽社会交流渠道，理清沟通方式，降低不确定性风险，而且在抑制机会主义方面具有一定优势。正是由于这种关系的根植性，给产业集聚的内在集聚提供源源不断的动力。

区域是一个社会与经济的结合体，区域内的企业相互依赖，生产活动相互补充，小企业可以依赖大企业，实现资源的充分利用，为自身实现规模效益打下基础。区域内不同的生产商之间能够形成上下游的协同关系，使沟通变得更加便捷，能够快速地对市场和消费者的需求做出反应。

4.1.1.4 契约制度角度

发挥市场机制，完善资源的配置，加大地方契约制度的落实，能够减少"敲竹杠"带来的市场资源错误配置与资源浪费，进而影响该地区的产业集聚和质量升级。

法律监管与契约执行的效率关系到我国产业集聚区的培育，根据其他学者的研究，契约环境会对企业投融资与创新行为、组织形式、经济绩效与地区产业结构产生显著影响。产权作为信用的基础，交易的本质就是不同产权所有人之间的替换，产权的界定是顺利完成交易的前提条件。因此，保护产权和弘扬契约精神，可以减少资源配置不合理现象的发生。实现经济和社会沟通方式的标准契约化水平，创造更高质量的社会环境和市场环境，以一种社会化的整合方式，整合社会资源，对经济发展方式进行提升，从而在更深层次上对产业集聚带来影响。

4.1.2　产业集聚的基础理论

4.1.2.1　产业集聚研究起源

1890 年，著名经济学家马歇尔就从规模经济和外部经济两方面来对企业最优选址背后的经济动因进行分析，经过研究，马歇尔归结将其为三个原因：第一，集聚提供了大量的劳动力，使得企业的劳动力具有稳定性和延续性，同时也降低了工人的失业率。第二，地方性产业推动了非贸易产业专业化要素的投入。第三，集聚产生积极的信号，使得集聚区内的企业的生产函数等于单一企业的生产函数。

4.1.2.2　韦伯的区域集聚论

韦伯的区域集聚理论以微观企业在利益最大化或成本最小化为假设条件，来研究微观企业在假设条件下，如何进行区位选择的问题。韦伯在 1909 年提出了工业区位理论，其认为企业进行区位选择的目的在于使得成本最小化，从而实现利润的最大化，而处于集聚区，可以明显地降低成本，提高利润，所以企业向集聚区转移是一种优势决策。

韦伯的研究还存在着一定的缺陷，比如他没有从深层次方面产生集聚经济的原因，而是将其假定为企业追求利润最大化的表现，也没有建立模型来说明企业选择在这一区域集聚的原因。

4.1.2.3　熊彼特的创新产业集聚论

1912 年，经济学家熊彼特在《经济发展理论——对于利润、资本、信贷、利息和经济周期的考察》一文中，首次将创新纳入了产业集聚考虑的范畴。熊彼特认为，创新是除了战争、革命等外部因素外，产业集聚发展过程中的重要因素之一，因为技术上的创新能够引起经济的动荡，而且产业集聚依赖于地区的创新力，而创新反过来又能够对产业集聚产生推动作用。而集聚区内的企业之间的创新行为是相互协作的，竞争合作中的创新能够更好地推动产业集聚。

4.1.2.4 胡佛的产业集聚规模论

1937 年，胡佛在韦伯理论的基础上，考虑了费用构成结构、生产投入要素替代品的供给状况和规模经济结合在一起的更加全面的情形，提出了区域位置和城市位置的观点，对传统的产业集聚现象做出了解释。他认为外部性经济的因素中与区域集聚规模有关系的不仅仅是购买方面需求的因素，还和成本供应因素相关。1948 年，胡佛发表了《经济活动的区位》一文，以企业选址这一独特的切入点，指出了产业集聚存在一个最佳的集聚规模，而这个最优的集聚规模与集聚的规模大小、集聚企业的数量有关，如果集聚的规模小，集聚企业的数量少，则外部经济的集聚就不会处于良好的态势；而如果集聚的企业太多，就会造成区域整体的规模经济效益下降，集聚企业的数量存在着一个临界点。

4.1.2.5 克鲁格曼的地理集聚理论

克鲁格曼主要是把经济地理因素作为影响产业集聚状况的重要因素，克鲁格曼假设要素无法在两国之间自由流动，在这一假设下，克鲁格曼通过两个简单模型探讨两个国家，两种产业、单一要素情况下，产业集聚产生的原因，利用道格拉斯生产函数来计算出交易矩阵，从交易矩阵中得出重要结论：当贸易成本较高时，两个同时存在于两个经济体中的产业不会进行重新组合；而在贸易成本较低时，产业之间就会相互流动促进产业的集聚。

他还认为产业集聚有着三大基石：运输成本、收益递增和不完全竞争模型。收益递增使得自我产业集聚加强，而不完全竞争市场又加强了产业集聚的动力，较低的运输成本也会推动产业集聚。

4.1.2.6 波特的企业竞争优势与钻石模型

美国学家迈克尔·波特提出产业集聚的原因是企业具有的竞争优势。1990年，波特在《国家的竞争优势》一文中，通过对芬兰、加拿大、法国、意大利等国家的产业集聚现象进行统计分析，从企业竞争优势的角度，对这些国家的产业集聚现象进行分析和解读，并提出了产业群的概念和"钻石"模型。"钻石"模型的核心理论框架主要包括四个部分:一是需求状况;二是要素条件;三是竞争战略;四是产业群。

波特认为,一个企业要想具有竞争优势,那么必须具有充分的需求状况,高质量的要素投入,适当的竞争战略以及特定的产业供应商与顾客之间的联系,这些条件是区域产业孵化基地的基本要求。

在波特钻石模型中,他认为创新是企业发挥竞争优势的重要因素之一,新的工艺和新产品能够快速地抓到市场和消费者的眼光,进而让企业抢占先机,占据高的市场份额,从而实现利益的最大化。波特还认为,产业集聚可以通过加快创新的步伐,培育新兴企业来带动本土企业的竞争力。

4.1.3 产业集聚测度方法

测算产业集聚的方法是多样的,统计上具有专门的测算公式,由于篇幅有限,故介绍以下三种测算方法。

4.1.3.1 区位熵

区位熵指数可以用来测度某一区域内某一特定要素在空间上的集聚水平。区位熵的计算公式为:

$$LQ_{ij} = \frac{Q_{ij}Q}{Q_j Q_I} \text{或者} LQ_{ij} = \frac{QQ_{ij}}{Q_i Q_j} \qquad (4-1)$$

其中,LQ_{ij}就是 i 地区 j 产业的区位熵指数;Q_{ij} 为 i 地区 j 产业从业人数;Q_j 为 j 地区所有产业对应的指标,Q_i 为 i 产业对应的指标;Q 为全国所有产业对应的指标。

区位熵以 1 为临界点,当 $LQ_{ij} > 1$ 时,表示该产业具有较强的集聚水平。反之,则表示该区域集聚优势水平低下,当 $LQ_{ij} = 1$ 时,说明该区域集聚水平不明显。

4.1.3.2 空间基尼系数

$$G = \sum_{i=1}^{N} (S_i - X_i)^2 \qquad (4-2)$$

其中，S_i 为 i 地区某一产业从业人数除以该产业全部从业人数的比值；X_i 为 i 地区全部从业人数和总从业人数的比值。

空间基尼系数越大，表示该区域内产业集聚越明显，若是接近于 0，则表示该区域产业密集度较低。

4.1.3.3　空间聚集系数

$$EG = \frac{G - (1 - \sum_{i=1}^{n} x^2)}{(1 - \sum_{i=1}^{n} x^2)(1 - H)} \tag{4-3}$$

其中，G 为空间基尼系数；H 为赫芬达尔指数；X_i 为 i 地区从业人数与总从业人数的比值；若 $EG < 0.02$，表示该产业不存在集聚现象；若 $EG > 0.05$，表示该产业集聚程度高；若 $0.02 < EG < 0.05$，表示产业分布比较均匀。

4.1.4　产业集聚的效应

产业集聚的积极效应包括外部经济效益、创新效益和竞争效益（见图 4-1）。

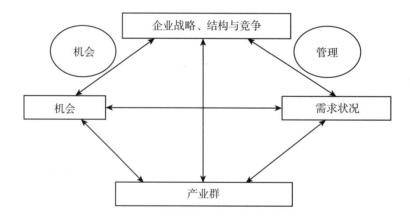

图 4-1　产业集聚的互动效应

4.1.4.1　外部经济效益

产业集聚可以提高劳动生产率。通过马歇尔的研究，可以发现集中在一起的厂商比单个孤立的厂商更有效率（外部经济）。相关产业的企业在地理上的集中可以促进行业在区域内的分工与合作。产业的集聚有助于上下游企业都减少搜索原料产品的成本和交易费用，从而使得产品生产成本显著降低；区域内企业为了提高效率，会将生产的分工进行细化，有助于推动企业群劳动生产率的提高；集聚可以使厂商能够稳定地获得服务，比较容易获得配套的产品和服务，及时了解本行业竞争所需要的信息；集群内企业作为一个整体，有利于提高谈判的能力，能以较低的代价从政府及其他公共机构处获得公共物品或服务；集聚本身就形成磁场效应，有利于吸纳就业，吸引各种专业技能人才，从而使得企业能够快速地找到适宜的劳动力，降低成本。

4.1.4.2　创新效益

产业集聚可以带来创新。企业的创新常常来源于企业之间，企业与用户之间的互动。在产业集聚中，新工艺、新技术能够迅速传播。企业更容易发现产品或服务的缺口而受到启发，发现市场机会，研发新的产品。由于集聚，不同公司员工之间接触沟通的机会增多，有助于相互间的思想碰撞而产生创新思维。同一园区企业管理人员与技术人员的定期交流会对各个企业带来创新灵感，这是知识技术外溢性的体现。

4.1.4.3　竞争效益

产业集聚加剧了竞争，竞争是企业获得竞争优势的重要来源。竞争不仅表现在对市场的争夺，还表现在其他方面（见图 4-1）：同处一地的同行业企业有了业绩评价的标尺，可以相互比较。这给企业带来了创新的压力与动力，迫使企业不断降低成本，改进产品及提高服务，追赶技术变革的浪潮。集聚区内的企业比起那些散落在区外的企业，具有更强的竞争优势，更容易进入这一行业的前沿。

4.2 产业集聚与环境污染模型

4.2.1 产业集聚的影响

长期以来，我国高投入、高消耗、低产出的粗放式经济发展模式对生态环境造成了深远的影响，如何实现经济增长与生态效率改善成为一个重要的话题，其中，探究产业集聚与生态环境之间的关系成为必须要面对的问题，这也是国内外学者持续研究的一个重要问题。对于目前产业集聚与生态环境的关系，国内外学者主要是从产业集聚的外部效应角度进行分析。产业集聚的外部性包括正向外部效应和负向外部效应，即一方面产业集聚会对集聚地区的经济个体带来显著的福利增加，但是另一方面，也会导致其他经济个体福利的下降。关于产业集聚带来的影响究竟如何，目前阶段还存在许多争议。

第一，从负外部效应角度出发，考察产业集聚是否加剧了环境污染。弗克农（Virkanen，1998）采用选择性萃取法来分析城市化对芬兰环境变化的影响，发现工业集聚是大气污染和水污染的重要来源。范霍夫（Verhoef，2000）采用空间均衡模型研究城市可持续发展问题，结果发现工业中心的污染导致住宅区环境质量的空间差异化，环境目标的追求有时可能以降低集聚经济为代价。弗兰克（Frank，2001）通过对欧盟200个城市空气质量与产业发展情况的分析，发现产业集聚与空气污染呈现出显著的正相关关系。任（Ren，2003）通过对上海市1947~1996年水质的研究发现，产业集聚对上海生态环境造成了较大负面影响，直接带来了上海总体水质的下降。迪克多（Duc T. A.，2007）结合实验室和生态模拟对越南河内的水质和流量体系进行了分析，认为城市化和工业的发展对河流溶解氧（DO）造成了较大幅度下降，对河流水质产生了负面影响。胥留德（2010）的研究也证实了产业转移能够显著提升产业结构的合理化水平，但是同时产业转移也能导致接收地的污染排放有不同程度的增加。也证实了产业转移无疑能够显著提升产业结构的合理化程度，但同时产业转移接收方的污染排放却有不同程度的增加。

第二，从正外部效应角度出发，阐述产业集聚对于改善环境质量和提高生态效率的积极作用。曾和赵（Zeng and Zhao，2009）利用两个国家和两个部门的空间经济模型，研究了污染避风港假说，并发现制造业的集聚可以起到减轻污染的作用。黄珍（2004）则认为产业的集聚具有多方面的好处。一方面产业集聚为企业提供了知识、技术、相互学习以及相互合作的机会；另一方面集聚区内科研高校的入驻能为企业提供很多技术创新的机会，从而有利于产业集聚区改善环境质量。冯薇（2006）的研究发现集聚区内某一领域的产业通过相互合作能够获得持续竞争的优势，这样会使得集聚区内资源能够良性循环利用，有利于降低污染物的排放、显著改善环境质量。陈柳钦（2007）所做的研究是对上述学者的总结，他发现集聚区内的企业既可以独自开展技术创新活动，也可以与集聚区内的其他企业合作进行技术的协同创新，这样一方面能够实现技术创新的规模效应，另一方面也能够提高环境污染的治理能力。

第三，两者关系不确定。李伟娜等（2010）运用我国 30 个制造业细分行业面板数据进行分析，发现我国的制造业集聚与大气污染之间存在着 N 形关系，而目前我国正处于大气污染随着制造业集聚水平提高而增加的阶段，但是污染的强度正在逐步下降。闫逢柱等（2011）运用面板修正误差模型对我国制造业两位码行业进行分析，认为短期内集聚将降低环境污染，而长期内两者则不存在因果关系。

从上述文献可以发现虽然众多的学者对产业集聚与环境污染之间的关系进行了多层次的研究，结果也发现了产业集聚与环境外部性存在着相关关系，但是这种相关关系究竟是正向的还是负向的，目前并没有一致的定论。目前现有的研究主要关注于宏观层面，大多数研究没有对典型区域的典型产业集聚与污染的关系进行分析。

4.2.2　两部门生产函数

党的十八大以来，我国将生态文明建设提升至"五位一体"总布局的高度，以及以绿色发展为代表的"五大发展理念"的提出，越来越多的学者开始研究产业集聚、产业专业化与生态效率之间的关系，这些研究大多从理论模型构建或是以定性的角度来研究，也有部分学者单独对产业集聚与城市生态效率的关系进行了实证研究，但缺乏对产业集聚、产业专业化与城市生态效率三者的实证研究。

关于城市生态效率的内涵界定有很多种，但本质是一致的，都是在考虑劳动力、土地资本等要素投入的条件下，如何实现 GDP 等期望产出最大化的同时实现废气、废水等非期望产出指标的最小化。为此，借鉴科普兰泰勒（Copeland-Taylor，1994）模型，构建一个产业集聚影响环境污染理论模型。

假设社会生产分为两部门，一个为清洁生产部门生产产品 Y_1 和非清洁生产部门生产产品 Y_2，且非清洁产品 Y_2 在生产过程中还会向社会排放 B 单位的污染物，带来生产的负外部性，对自然环境造成负面影响。在初始产权界定明晰情况下，企业需要为生产所造成的负外部性支付一定的费用，即排污费、环境治理税或购买排污许可证的费用。此时，环境治理所需的费用成为利润最大化企业的生产成本，并占用一定的生产要素。假设企业用于环境治理的生产要素占总要素投入的比例为 α，且 $\alpha \in [0, 1]$。当 $\alpha = 0$ 时，表示企业没有作任何环境治理投入，此时企业的总产量为 Q；在极端情况 $\alpha = 1$ 时，企业将全部的要素投入到环境治理当中，这时企业的总产量为 0。当 $0 < \alpha < 1$ 时，企业的总产量为 $(1 - \alpha)Q$，污染排放为 B，即：

$$Y_2 = (1 - \alpha)Q \qquad (4-4)$$

$$B = g(\alpha)Q \qquad (4-5)$$

$$g(\alpha) = \frac{1}{A}(1 - \alpha)^{\frac{1}{\beta}} \qquad (4-6)$$

其中，$g(\alpha)$ 是关于 α 污染排放函数，而且 $g'(\alpha) < 0$，A 表示生产技术，参数 $\beta \in (0, 1)$。

假设清洁生产部门所投入的生产要素为资本 K_1 和劳动 L_1，非清洁生产部门所投入的生产要素为资本 K_2 和劳动 L_2，则各生产函数分别为：

$$Y_1 = F(K_1, L_1) \qquad (4-7)$$

$$Y_2 = (1 - \alpha)Q(K_2, L_2) \qquad (4-8)$$

$$B = g(\alpha)Q(K_2, L_2) = \frac{1}{A}(1 - \alpha)^{\frac{1}{\beta}}Q(K_2, L_2) \qquad (4-9)$$

$$Y_2 = (AB)^\beta \left[Q(K_2, L_2) \right]^{1-\beta} \tag{4-10}$$

4.2.3　两部门生产决策

作为理性经济人，非清洁生产部门生产产品 Y_2 过程中，具有追求利润最大化的天然目标，且生产决策者面临劳动与资本投入配比，以及产量与污染排放两者的权衡。即在工人工资水平 w 和资本成本 r 既定的条件下，企业需要对劳动力与资本投入比重做出适当安排，以期实现在产量既定条件下成本 C_Q 最小化；同时，在生产成本 C_Q 和污染排放成本 ξ 给定情况下，选择产出 Q 与污染 B 的最优组合，以期实现非清洁生产部门 Y_2 生产成本 C_2 最小化，即：

$$C_Q(r,w) = min\{ r\beta_{KQ} + w\beta_{LQ} \mid F(\beta_{KQ}, \beta_{LQ}) = 1 \} \tag{4-11}$$

$$C_2(\xi, C_Q) = min\{ \xi AB + C_Q Q \mid (AB)^\beta Q^{1-\beta} = 1 \} \tag{4-12}$$

根据式（4-11）和式（4-12）求解最优化，可得：

$$TRS_{KL} = \frac{\partial F}{\partial K_2} \cdot \frac{\partial F}{\partial L_2} = \frac{r}{w} \tag{4-13}$$

$$\frac{(1-\beta)AB}{\beta Q} = \frac{C_Q}{\xi} \tag{4-14}$$

4.2.4　排污水平的最优决策

假设在完全竞争市场上，清洁生产部门产品 Y_1 对应的市场价格水平为 P_1，非清洁生产部门产品对应的市场价格水平为 P_2，市场出清条件下企业所获得的利润为 0，因而可以推出：

$$P_2 Y_2 = C_Q Q + \xi(AQ) \tag{4-15}$$

由式（4-14）和式（4-15）可得：

$$B = \frac{\beta P_2 Y_2}{\xi A} \tag{4-16}$$

经整理，式（4-16）可得：

$$B = (P_1 Y_1 + P_2 Y_2)\frac{\beta}{\xi A}\frac{P_2 Y_2}{P_1 Y_1 + P_2 Y_2} = M\frac{\beta}{\xi A}\eta_2 \qquad (4-17)$$

其中，$M = P_1 Y_1 + P_2 Y_2$ 表示规模效应；$\eta_2 = \dfrac{P_2 Y_2}{P_1 Y_1 + P_2 Y_2}$ 表示非清洁生产部门产品 Y_2 在总产值（清洁与非清洁生产部门产值之和）中所占比例，即结构效应。

将式（4-17）两边取对数，则：

$$\ln B = \ln M + \ln\beta + \ln\eta_2 - \ln A - \ln\xi \qquad (4-18)$$

产业集聚除了会对产业规模造成影响外，还会通过地区之间的产业空间溢出效应影响技术进步，进而对各个地区的经济发展方式和经济结构造成影响，即：$M = M'(in\_ag)$，$A = A'(in\_ag)$，$\eta_2 = \eta'_2(in\_ag)$。

进而产业集聚对污染排放的影响可以表示为：

$$\ln B = \ln M'(in\_ag) + \ln\beta + \ln\eta'_2(in\_ag) - \ln A'(in\_ag) - \ln\xi \qquad (4-19)$$

从式（4-19）可以看出，产业集聚对环境污染具有较为复杂的影响，其作用途径在于多方面，而且作用为非线性。

4.3 变量选取及数据处理

根据已有的研究可知，产业集聚、产业集聚结构与城市生态效率的关系比较复杂，产业集聚与城市生态效率之间可能存在非线性关系，产业专业化与产业多样化之间存在相互关系[①]。因此，在已有文献的基础上，加入产业集聚水平的二次项，并以产业专业化、城市生态效率分别作为产业集聚结构和城市生态效率的代理变量，并引入相关的控制变量，构建如下实证模型：

$$TEX_{it} = \alpha_0 + \alpha_1 JJ_{it} + \alpha_2 JJ_{it}^2 + \alpha_3 SS_{it} + \alpha_4 X_{it} + u_{it} \qquad (4-20)$$

为探讨产业集聚、产业集聚结构与城市生态效率的关系，以上文中由 Super-

---

① 产业专业化与产业多样化是一个问题的两个面，只是指标设置问题，分析了产业专业化，也就考察了产业多样化问题，为此本书不再专门分析专业多样化。

SBM 方向距离函数计算而来的城市生态效率（*TEX*）为被解释变量，测算出来的效率值介于 0 ~ 1 之间。以产业集聚水平（*JJ*）、产业专业化水平（*SS*）为核心解释变量，*JJ²* 是产业集聚水平的二次方，衡量产业集聚水平对城市生态效率的非线性影响。控制变量 *X* 包括：城市基础设施状况、人口城镇化水平以及环境规制，u_{it} 为随机扰动项。为了与城市生态效率进行匹配，以上变量均选用 280 个地级市 2003 ~ 2017 年的统计数据，变量选取及数据处理情况如表 4 - 1 所示。

表 4 - 1　　　　　　　　　　　变量说明及数据处理

变量性质	变量含义	变量符号	计算方法	数据来源
被解释变量	城市生态效率	*TEX*	由 Super-SBM 计算得来	《中国城市统计年检》《中国城市建设统计年检》
核心解释变量	产业集聚水平	*JJ*	GDP/建成区面积	《中国城市统计年检》《中国城市建设统计年检》
	产业专业化水平	*SS*	专业化基尼系数	《中国城市统计年检》《中国城市建设统计年检》
控制变量	城市基础设施状况	*UI*	人均道路面积	《中国城市统计年检》《中国城市建设统计年检》
	人口城镇化水平	*POP*	城市人口密度	EPS 数据平台
	环境规制水平	*ER*	单位 GDP 工业废水、二氧化硫排放变化率	EPS 数据平台

4.3.1　核心解释变量

产业集聚水平。产业集聚是指同一产业在某一区域空间的高度集中，也是生态要素在特定地理区域不断汇集的过程。西科恩和哈勒（Ciccone and Hall, 1996）认为城市内部的经济密度能很好地反映产业集聚程度。基于此，本书以各地级市当年不变价格产出（GDP）除以建成区面积来表示产业集聚水平（万元/平方千米）。

除此之外，产业集聚的衡量方法还有行业集中度、区位熵、空间基尼系数、EG 指数、DO 指数等，但这些衡量方法都存在一定的弊端。其中，"行业集中度"的测算，一是测算季节容易受到 n 值选取的影响；二是忽略了规模最大地区之外其他地区的规模分布情况；三是不能反映规模最大地区内部之间产业结构与分布的差别；"区位熵"法直观性较差；"空间基尼系数"法，基尼系数大于零并不表明有集聚现象存在，因为它没有考虑到企业的规模差异。空间基尼系数没有考虑到具体的产业组织状况及区域差异，因此在表示产业集聚程度时往往含有虚假的成分；EG 指数没有对产业中以就业人数为标准计算的企业分布给出合理的解释；DO 指数法采用的无参数回归模型分析方法，是基于企业层面的数据且与企业间的距离有关，因此该方法的可操作性比较差。

产业专业化水平。产业专业化水平的测度方法有很多种，但都包括一个核心要素，即该产业的就业人数。就区域来说，为了比较不同生产部门的生产效率，就需要比较不同城市的生产效率差异。在就业人数方面，还可以区域的平均就业人数为参照。贸易是产业专业化的一个驱动力，在总出口中，价值的增加额可能由不同的产业和国家获得，随着经济流动的国际化，中间投入品的海外寻包，使得贸易与价值创造之间的关系更为复杂。因此，建立在总出口额上的产业专业化指数可能没有代表性。我们以就业人数或以区域产业就业比重为参照体系。现有文献中，关于城市产业专业化的测度，主要参考迪朗东和普加（Duranton and Puga，2001）的方法，采用专业化基尼系数表示。基于此，本书将城市产业专业化指数定义为：

$$SS_i = \frac{1}{2} \sum_j |p_{ij} - p_j| \qquad (4-21)$$

其中，$P_{ij} = L_{ij}/L_i$（L_{ij}、L_i 分别表示 i 城市 j 产业的就业人数、i 城市的所有非农就业人数），表示 j 产业在 i 城市的就业比重；P_j 表示 j 产业在所有地级市中所占就业比重。SS_i 数值越大，表明该城市产业专业化水平越高，反之则表明产业多样化水平越高。

4.3.2 其他控制变量

城市基础设施状况（UI）。城市基础设施是城市生存和发展必不可少的要素，在现有研究当中，城市基础设施的衡量方法和角度很多，但无论哪种方法都将城市道路的扩张放在突出位置。一定程度上，城市道路的扩张也就意味着城市土地的扩张，两者是高度相关的关系。因此，采用人均道路面积（平方米/人）来衡量城市基础设施状况，不仅能够反映城市土地的扩张情况，还能间接反映城市土地资源的供需矛盾情况。

人口城镇化水平（*POP*）。人是城市的核心，人口城镇化水平是反映一个国家或地区社会经济发展的一个重要指标，也是城镇体系规划的一项基本内容。但是，由于我国的城镇人口统计不完善，在不同时期、不同地区，对城镇、城镇的地域范围和人口规模等概念的理解有较大的差异，设立市镇的政策亦有明显的不同，使得全国和区域的一些城镇化水平统计指标可比性较差。因此，根据现有的数据，采用城市人口密度（万人/平方千米）来度量人口的城镇化水平。

环境规制（*ER*）。关于环境规制的度量方法，当前学术界存在较大差异，主要是从排污密度、治污成本、污染税率、环境立法、综合指数五个方面来衡量。具体而言，第一，排污密度，即通过衡量污染物的排放总量或单位 GDP 的排放量来度量，这种方法简单、直观，但是缺乏对环境规制效果的综合分析。第二，治污成本，即从社会环境治理投资总额、环境治理投资完成额、企业治污成本等环境治理投入这一单一的角度来衡量，没有把环境规制的效果纳入考量范围之中（张成等，2010；沈能，2012；Berman and Bui，2001；Lanoie，Patry and Lajeunesse，2008）。第三，污染税率，在产权明晰条件下，通过对企业生产活动对环境造成的负外部性征收税费来表征（王兵等，2010）。第四，环境立法，即从环境规制政策制定者的角度，通过衡量有关环境法律、法规、条例度量，或从环境执法角度来度量，主要的衡量指标有环境法律法规或政策的数量、环境执法次数、环境事故立案数量等（何枫等，2015）。第五，综合指数，一方面是构建环境规制指标体系以测算环境规制效率（徐盈之，杨英超，2015），另一方面是构建环境规制强度的综合测量体系（傅京燕，李丽莎，2010）或者用各地区工业"三废"的治理效率计算得到的环境规制综合指数（Levinson，1996）。

采用综合指数方法构建中国环境规制的综合测量体系，用于衡量环境规制的综合绩效。选取单位 GDP 工业废水、二氧化硫排放变化率这两个单项指标。根据王杰和刘斌的研究，模型中包括环境规制一次项、二次项和三次项。具体方法为：

首先，运用极值处理法对各项指标进行标准化，即：

$$UE_{ij}^{s} = \frac{UE_{ij} - \min(UE_{j})}{\max(UE_{ij}) - \min(UE_{ij})} \qquad (4-22)$$

其中，i 指省份（$i=1, 2, \cdots, 30$）；j 指各类污染物（$j=1, 2, 3, 4$）；UE_{ij} 是原始值；$\max(UE_{ij})$、$\min(UE_{ij})$ 分别指 i 省份每年 j 类污染物的最大值和最小值；UE_{ij}^{s} 指的是标准化之后的值，取值在 ［0，1］ 之间。

其次，计算各个指标的调整系数，即权重 w_{ij}，计算方法为：

$$w_{ij} = \frac{E_{ij}}{\sum E_{ij}} \Big/ \frac{Y_i}{\sum Y_i} \qquad (4-23)$$

其中，w_{ij} 为 i 省份 j 类污染物的权重；E_{ij} 为 i 省份 j 类污染物的排放量；$\sum E_{ij}$ 为全国 j 类污染物的排放总量；Y_i 为 i 省份的工业增加值；$\sum Y_i$ 为全国工业增加值。计算出各污染物的权重之后，再计算出研究期间调整系数的平均值 $\overline{w_{ij}}$。

再其次，通过各项指标的标准化值和权重得到环境规制强度：

$$FER_i = \frac{1}{4} \sum_{j=1}^{4} \overline{w_{ij}} \times UE_{ij}^{s} \qquad (4-24)$$

4.4 产业格局对城市生态效率的实证研究

4.4.1 描述性统计

4.4.1.1 总体描述性统计

从表 4 - 2 可以看出，全国城市生态效率均值约为 0.456，整体水平偏低，反映我国主要城市产业结构不合理，经济发展方式比较粗放。尤其是在资本、劳动力等要素价格上涨和绿色技术创新不足条件下，城市生态效率内在的表现为期望产出值不高和非期望产出高企的局面。经济的下行压力与生态环境压力的双重逼迫下，传统的增长方式与理念愈发难以为继，提高城市生态效率、缓解经济发展与环境保护的矛盾成为唯一的选择。

表 4 - 2　　　　　　　　　变量总体描述性统计

变量名	样本数	均值	标准差	最小值	最大值	中位数
城市生态效率（TEX）	4200	0.456	0.2214579	0.106159	1	0.50365
产业集聚（JJ）	4200	4.3034	3.601776	0.0312559	50.04881	3.550999
产业集聚二次项（JJ^2）	4200	31.48741	119.697	0.0009769	2504.883	12.60959
产业专业化（SS）	4200	0.2571648	0.1072448	0.0595492	0.8409212	0.2352369
基础设施状况（UI）	4200	9.841625	6.963527	0.02	108.37	8.59
人口城镇化水平（POP）	4200	1.598013	1.109683	0.0095521	27.72464	1.320319
环境规制水平（ER）	4200	0.3066859	0.2053927	0.0075843	1.93013	0.2643185
环境规制二次项（ER^2）	4200	0.1362273	0.2184759	0.0000575	3.7254	0.0698643
环境规制三次项（ER^3）	4200	0.0832212	0.2681921	4.36E-07	7.190505	0.0184664

此外，我国产业集聚程度平均水平为 4.3 万元/平方千米，其中，集聚程度最高的地区达 50 万元/平方千米，集聚程度最低的地区只有 0.031 万元/平方千米。一方面，这反映我国产业集聚总体水平并不是太高，城市内部的经济密度程度较差，缺乏城市基础设施资源的共享和高效利用。另一方面，我国地级市之间的产业集聚情况两极分化较大，部分地级市由于先天的资源禀赋条件、地理区位特点、人才资金和经济发展水平等条件的制约，导致城市整体产业发展水平低下，产业集聚程度与城市建成区面积不匹配，而另一部分城市在政策、区位、技术或人才等优势下，产业发展优势得到了充分的展现，城市经济发展水平较高，单位面积的产出较大。

由表 4 - 2 可知，我国地方产业专业化水平的平均值较低，约为 0.27 的水平，这说明就平均而言，各个地级市产业部门比较分散，呈现出一种多而杂的局面，更倾向于产业多样化的发展思路，缺乏厚植自身优势，发挥比较优势的理念。从全国视角来看，这种专业化程度偏低，很多时候会导致地区之间产业分工紊乱，区域产业协同程度差，同类产业竞争激烈。除此之外，可能还会造成重复投资和重复建设，带来资源的浪费与产能过剩，以及供给侧的结构性问题。

在基础设施方面，目前我国城市人均道路面积平均为 9.8 平方米/人，距离发达国家 20 平方米/人的平均水平尚有一定的差距。与此相对的是，也有少数城市人均道路面积达到 108 平方米/人，一些地级市城市大广场、大马路等铺张浪费惊人，城市土地闲置严重，而另一部分城市则与之相反，道路资源匮乏。

在人口城镇化水平方面，我国城市人口密度的平均水平为 1.6 万人/平方千米，整体处在一个适中的水平，反映了自改革开放以来，我国经过多年的城市化进程，部分人口由农村向城镇的转移。这对于城市产业集聚以及生态效率的提升都有积极作用。此外，在城市环境规制方面，按照如前所述的测算方法，我国城市环境规制指数平均水平为 0.3，环境规制强度仍然比较低。

4.4.1.2 不同地区的变量描述性统计

分地区来看，我国城市生态效率、产业集聚水平、产业专业化水平、城市基础设施状况、人口城镇化水平、环境规制水平在我国东部地区、中部地区和西部地区之间呈现较为明显的差异（见表 4 - 3）。具体而言，在城市生态效率方面，呈现出较为突出的"中部塌陷"现象，中部地区的生态效率低于东部和西部地区，中部粗放型的发展方式更为突出，对于东部高耗能、高污染、低效率的产业转移承接程度更大，这从侧面也说明了中部地区城市的经济与公共资源协调发展的矛盾更加突出。

表 4 - 3 东、中、西部变量描述性统计

变量名	地区	样本数	均值	标准差	最小值	最大值	中位数
TEX	东部	1470	0.4517321	0.2221998	0.117676	1	0.4675565
	中部	1485	0.4304097	0.1916888	0.106159	1	0.3915665
	西部	1245	0.4975949	0.2414442	0.139395	1	0.5061385
JJ	东部	1470	5.959711	5.157078	1.00232	50.04881	4.951064
	中部	1485	3.38202	1.815437	0.4351071	11.33229	2.937164
	西部	1245	3.44675	1.862685	0.0312559	14.68956	3.243432
JJ^2	东部	1470	62.08647	197.0807	1.004645	2504.883	24.51304
	中部	1485	14.73054	17.44716	0.1893182	128.4207	8.626933
	西部	1245	15.3455	20.96283	0.0009769	215.7833	10.51986

续表

变量名	地区	样本数	均值	标准差	最小值	最大值	中位数
SS	东部	1470	0.2245219	0.0865175	0.0833805	0.8409212	0.2049718
	中部	1485	0.2689675	0.1230442	0.0703896	0.6545448	0.2348923
	西部	1245	0.2816291	0.0995296	0.0595492	0.6363854	0.2761017
UI	东部	1470	12.37371	7.41065	2	64	10.97
	中部	1485	8.93502	4.817195	1	71.66	8
	西部	1245	7.933301	7.679604	0.02	108.37	6.3
POP	东部	1470	1.390346	0.7312146	0.2491846	6.755667	1.216204
	中部	1485	1.500917	0.7408606	0.2674074	5.459375	1.308609
	西部	1245	1.959024	1.636667	0.0095521	27.72464	1.59969
ER	东部	1470	0.3018752	0.1969805	0.0089202	1.93013	0.2579483
	中部	1485	0.3061577	0.2002435	0.0075843	1.779657	0.2660043
	西部	1245	0.3129959	0.2207024	0.0232355	1.548957	0.266498
ER^2	东部	1470	0.1298904	0.2106978	0.0000796	3.7254	0.0665373
	中部	1485	0.1337895	0.2115945	0.0000575	3.167177	0.0707583
	西部	1245	0.1466173	0.2348555	0.0005399	2.399269	0.0710213
ER^3	东部	1470	0.0769273	0.2826126	$7.10E-07$	7.190505	0.0171632
	中部	1485	0.0799701	0.2594746	$4.36E-07$	5.636488	0.018822
	西部	1245	0.0945305	0.2608078	0.0000125	3.716365	0.0189271

　　在产业集聚程度与产业专业化程度上，东、中、西部则表现出截然不同的差异。具体而言，东部地区的产业集聚程度大大高于中部和西部地区，西部地区则略高于中部地区；但在产业专业化程度上，西部地区高于中部地区高于东部地区。因此，东部地区表现为较高的集聚程度与较低的专业化程度，因而东部地区的集聚体现为一种"横向集聚"，是一种生产领域的联合，生产与科研之间的联合，生产与流通的联合，以及流通领域的联合。突出体现为资金、原材料、厂房、设备、技术、劳动力等各种生产要素的配合，或是以名牌优质产品为龙头的专业化协作，一般具有配置合理，信息灵通，生产稳定，投资少，技术进步快，产品品种新，质量好，劳动生产率高，节能环保，物资消耗少等特点，因而经济效益比较好。中部地区则在产业聚集程度和产业专业化程度上处

于较低水平，从经济总量和总体发展水平上看中部地区不仅大大低于东部沿海地区，而且也明显低于全国平均水平；从发展势头和发展速度上看中部地区明显低于东部，也低于西部地区。中部地区的经济总量和总体发展水平不仅大大低于东部沿海发达地区，而且明显低于全国平均水平；中部地区的发展势头和发展速度明显低于东部地区，也低于西部地区。西部地区表现为较低的产业集聚程度与较高的产业专业化程度，这说明西部地区的产业呈现出一种低层次的专业化，更多的是依托当地资源禀赋或承接东部地区劳动密集型产业以及高污染产业的转移，产业单一且投资回报率低，粗放特征明显。

此外，在城市基础设施方面，人均道路面积呈现出一种东部高于中部高于西部地区的趋势，东部地区产业发展的基础条件更好。在人口密度方面，东部小于中部小于西部，这可能与不同地区之间不同城市类型的构成情况有关，东部地区不同地级市之间城市人口密度差异性较大，进而最终带来平均人口密度偏低情况，这需要我们从不同城市类型的角度作进一步探究。而相比之下，不同地区之间的环境规制指数则并未表现出特别大的差异，整体差别较小。

4.4.1.3 不同城市规模的变量描述性统计

根据不同的城市规模，本书将 280 个地级市划分为大型、中型和小型城市三种，其中大城市数量较之中等城市较多，且远多于小型城市数量。大型、中型和小型城市在城市生态效率、产业集聚水平、产业专业化水平、城市基础设施状况、人口城镇化水平、环境规制水平方面也呈现较为明显的差异（见表 4-3）。

我国人地关系的矛盾表明，提高城市生态效率具有极为重要和深远的意义。根据表 4-4，中型城市的生态效率最高，小型城市生态效率次之，相比之下，大型城市生态效率则比较低。这可能是由于中小城市存在较为明显的环境产出优势，因而土地投入产出的综合效率较高。在产业集中度上，小型城市产业集聚程度更高，中型城市次之，大城市产业集聚程度相对较低。由于产业集聚的大小不仅与地级市的 GDP 规模有关，还与城市的建成区面积有关。因此，虽然大城市在经济规模上相较于中小城市更高，但是其庞大的建成区面积超过中小城市规模的幅度更大，进而导致了大城市产业集聚程度较低，这也间接地说明了小城市较高的集聚水平更大程度上来源于其建成区面积较低。

表 4 - 4　　　　　　　　　　**大、中、小型城市的变量描述性统计**

变量名	城市类型	样本数	均值	标准差	最小值	最大值	中位数
TEX	大	2205	0.439407	0.2181631	0.106159	1	0.4802543
	中	1320	0.431845	0.2263091	0.11779	1	0.4280945
	小	675	0.524416	0.2193851	0.133325	1	0.529254
JJ	大	2205	4.048146	3.149648	0.0312559	42.55196	3.414838
	中	1320	4.472501	3.961574	0.4351071	50.04881	3.675135
	小	675	4.606068	3.852734	0.4768402	40.31179	3.634853
JJ2	大	2205	26.29995	94.03562	0.0009769	1810.67	11.66112
	中	1320	35.68224	144.8619	0.1893182	2504.883	13.50662
	小	675	36.02913	119.7729	0.2273765	1625.04	13.2122
SS	大	2205	0.2537853	0.1051653	0.0829782	0.6363854	0.22851
	中	1320	0.2581385	0.109658	0.0595492	0.6545448	0.2342779
	小	675	0.2638572	0.1072659	0.0703896	0.8409212	0.2482033
UI	大	2205	10.11132	6.918217	0.59	64	8.85
	中	1320	9.190394	5.300184	0.02	44	8.055
	小	675	10.52482	9.597129	0.31	108.37	8.895
POP	大	2205	1.625499	1.025026	0.0095521	8.896667	1.335124
	中	1320	1.593896	1.280958	0.2228814	27.72464	1.314594
	小	675	1.535514	0.9107701	0.1962687	8.099375	1.29345
ER	大	2205	0.3003762	0.1970408	0.0089202	1.779657	0.2601051
	中	1320	0.3088601	0.2036996	0.0075843	1.46E + 00	0.2651827
	小	675	0.3184248	0.2286947	0.0333819	1.93013	0.2726663
ER2	大	2205	0.1290204	0.1996672	0.0000796	3.167177	0.0676553
	中	1320	0.1368482	0.2052196	0.0000575	2.127035	0.070322
	小	675	0.1535889	0.2825471	0.0011144	3.73E + 00	0.0743469
ER3	大	2205	0.0751529	0.2317967	7.10E - 07	5.636488	0.0175978
	中	1320	0.0815385	0.2165581	4.36E - 07	3.102144	0.0186482
	小	675	0.1077046	0.4145487	0.0000372	7.190505	0.0202719

在产业专业化水平上，大城市在相对较大的经济体量和多样化的市场需求下，产业发展更加多元化，金融、研发、物流、餐饮等服务产业更加发达，因而大城市呈现出的更多的是一种产业多元化趋势。而许多中小城市尤其是小城市，在自身人财物等不及大城市的条件下，更倾向于结合自身禀赋集中发展特

色产业或优势产业，产业专业化程度进而相对较高。

在城市基础设施状况方面，中部城市的人均道路面积明显低于东部和西部地区，进一步印证了"中部塌陷"的说法，反映出中部地区在基础设施等方面的滞后。在人口城镇化水平上，大城市较大规模的人口集聚带来了较高的人口密度，相对高于中部和西部地区。在环境规制水平上，大城市与中小城市的规制水平并未呈现较为明显的差异。

4.4.2　总体样本的实证结果分析

面板数据的估计方法通常包括固定效应和随机效应，由于本书所选用的数据截面样本较大而时间较短，一般来说，当样本来自一个较小的母体时，因而更加适用于固定效应模型。同时，在表4 – 5估计式（1）~式（4）中，豪斯曼检验也显示，在1%的显著水平上均拒绝随机效应的原假设，因而最终采用固定效应模型。在总体样本中，通过对式（4 – 20）进行逐步回归，分别将上面提到的变量依次进行估计，以期考察产业集聚、产业专业化与生态效率的关系。估计结果见表4 – 5。

表4 –5　　　　　　　　　　全部样本的估计结果

解释变量	（1）	（2）	（3）	（4）
产业集聚	0.371 *** （14.58）		0.359 *** （14.09）	0.318 *** （11.97）
产业集聚二次项	– 0.00649 *** （ – 9.74）		– 0.00630 *** （ – 9.47）	– 0.00571 *** （ – 8.49）
产业专业化		3.412 *** （5.90）	2.525 *** （4.52）	2.556 *** （4.60）
基础设施状况				0.0100 * （1.69）
人口城镇化水平				0.0824 ** （2.21）
环境规制				– 2.327 *** （ – 3.95）

续表

解释变量	（1）	（2）	（3）	（4）
环境规制二次项				2.749*** (2.66)
环境规制三次项				−1.217** (−2.54)
常数项	2.546*** (26.63)	3.059*** (20.35)	1.942*** (11.83)	2.300*** (11.31)
截面数	280	280	280	280
观测值	2800	2800	2800	2800
Hausman Test	15.96 [0.0012]	10.38 [0.0056]	37.06 [0.0000]	67.74 [0.0000]

注：***、**、*分别表示估计值在 1%、5%、10%的水平上显著；小括号内的数值为稳健标准误下的 t 统计量，中括号内为 P 值。

表 4 - 5 报告了不同变量组合下固定效应模型的估计结果，产业集聚、产业专业化对城市生态效率的影响方向显著性基本一致。从表中可以看出：

第一，产业集聚的一次项系数为正，二次项系数为负，并在不同模型中均在 1%的水平上显著，说明产业集聚与城市生态效率理论上存在非线性关系，二次项显著为负表明在临界值之前产业集聚水平的提高有利于促进知识溢出，进而提高生态效率，集聚水平超过临界值之后，知识溢出效应会降低从而导致生态效率降低。但是二次项系数较小，为 0.00571，总体临界值为 27.874 万元/平方千米。2017 年 280 个地级市中，产业集聚的均值为 5.382、中位数为 4.772、最小值为 0.790、四分位数（Q1）为 3.354、四分位数（Q3）为 6.324，仅有东莞和佛山两市产业集聚水平超过了临界值，这表明对绝大部分城市而言，产业集聚能显著提升生态效率。

第二，产业专业化的回归系数为正向，且均在 1%的水平上显著，这表明，从总体上看，产业专业化水平的提高有助于同产业知识在产业内的溢出，进而带来城市生态效率的提高。也就是说，目前我国产业集聚结构，主要表现为 MAR 溢出，即产业专业化水平的提高带来的知识溢出。对于制造业下的大多数细分行业，产业专业化对技术与知识的扩散和传播更有利，多元化反不利于其经济的发展。即从全国层面上看，专业化程度越高，越有利于促进知识在同产业企业间的扩散和发挥垄断的集聚优势。而且，高科技产业以及重工业产业与轻工业相比，对专业化的产业环境依赖性更大，更需要资本与知识的积累。此外，多样化的产业环境对于金属冶炼及加工工业、非金属矿物制品业以及食品加工的产业发展和产业土地资源利用率的提升不利，即使是其他产业的市场信息、生产技术以及管理模式等知识的外溢对这些行业技术水平的提高尚不能形成足够的激励，因而专业化发展模式对于城市生态效率的促进作用可能更大。

第三，基础设施状况的回归系数为 0.01，并在 10% 的水平上显著。城市经济发展本身就是资源不断优化配置的过程，在城市经济的发展中我们会面临一系列资源环境约束，合理发展城市基础设施往往是提高资源利用效率以及城市生态效率的有效方式。城市经济的发展本身也就是一个资源不断优化配置的过程，在有限的城市土地资源约束下，合理发展城市基础设施往往是优化资源配置和提高城市生态效率的重要方式，这也是很多城市管理者的选择。一方面，城市基础设施是各个产业以及人们生活的必备条件，基础设施的完善能够显著降低企业的生产成本、有利于生产活动的开展，往往能给投资者带来巨大的吸引力，诱使更多的投资、就业与发展机会。总之基础设施的建设能够提高单位土地的利用率、节约城市土地，从而缓和人地矛盾、实现城市的可持续发展。完善的基础设施往往能够对投资者带来更大的吸引力，也会带来更多的投资、就业与其他机会。总之，城市基础设施的建设可以节约城市土地或在给定的用地范围内创造出更多的财富，从而缓和人地矛盾、实现城市经济可持续发展。

第四，人口城镇化水平的回归系数为 0.0824，且在 5% 的显著性水平上。长期以来，我国人口城镇化水平滞后于产业的城镇化水平，自 2000 年以来，我国城市产业高速增长，但由于户籍等条件的限制人口城镇化则增长缓慢。此外，事权与财权的不对称诱发地方政府盲目追求 GDP 的增加，而 GDP 增加的主要手段之一就是大量产业的扩张和大搞基础设施建设，这就将城市化等同于产业建设。忽视了产业集聚与人口集聚的协同发展，使就业创造不足，就业不足带来劳动力转移困难；间接提高了劳动力的转移成本，也减缓了城市化的进程。导致地方政府盲目追求 GDP 增长的冲动，进而导致地方政府通过大量产业扩张弥补支出，将城镇化等同于产业建设，而忽视了人口集聚与产业集聚的协同发展，难以为劳动力转移创造就业条件，同时提高了农民的转移成本，延缓了人口的城镇化进程。积极推进以人为核心的新型城镇化，不仅有助于产业集聚效应的进一步凸显，最终也有助于提高城市生态效率。

第五，环境规制的一次项系数为 - 2. 327、二次项系数为 2. 749、三次项系数 - 1. 217，分别在 1% 、1% 和 5% 的显著性水平上，这说明环境规制与生态效率符合 N 形关系，这与王杰和刘斌（2014）的研究结果相似，即环境规制强度较弱时，社会环境成本会比较低，企业倾向于减少环保技术的研发，使创新动力激励降低、创新动力不足，从而使城市生态效率降低；当城市生态效率处于合理水平时，企业污染成本增加，创新动力增强，这样城市生态效率就会提升。当环境成本降低时，创新动力不足，进而会降低城市生态效率；当环境规制处于合理范围内，会促进社会创新，进而提高城市生态效率；当环境规制强度超过社会能够承受的负担时，生态效率又会进一步下降。为此，合适的环境规制强度有助于城市生态效率的提高。

4.4.3　不同区域、不同规模城市的实证结果分析

在我国，不同地区、不同规模等级间城市发展状况存在较大差距，为了考察这两类差距的状况，进一步进行分类估计，结果见表 4 - 6。

表 4 - 6　　　　　　　　　不同区域、不同规模城市的估计结果

解释变量	地区分类			规模分类		
	东部地区	中部地区	西部地区	小城市	中等城市	大城市
产业集聚	0. 181 *** (4. 63)	0. 415 *** (3. 72)	0. 446 *** (4. 91)	0. 777 *** (6. 09)	0. 373 *** (4. 28)	0. 250 *** (6. 52)
产业集聚二次项	- 0. 00337 *** (- 3. 98)	- 0. 00363 (- 0. 33)	- 0. 0105 (- 1. 18)	- 0. 0321 *** (- 2. 79)	- 0. 00399 (- 0. 45)	- 0. 00422 *** (- 4. 96)
产业专业化	0. 971 (1. 07)	2. 690 *** (3. 05)	4. 964 *** (4. 44)	5. 628 *** (4. 07)	1. 882 *** (2. 67)	1. 020 (1. 04)
基础设施状况	- 0. 0127 (- 1. 37)	0. 00656 (0. 53)	0. 0419 *** (4. 13)	0. 0425 *** (3. 94)	- 0. 00275 (- 0. 26)	- 0. 0386 *** (- 3. 74)
人口城镇化水平	0. 518 *** (4. 61)	0. 0289 (0. 24)	0. 0356 (0. 85)	- 0. 0356 (- 0. 25)	0. 0927 (1. 10)	0. 0734 * (1. 69)
环境规制	- 3. 042 *** (- 3. 11)	- 1. 631 (- 1. 57)	- 3. 472 *** (- 2. 86)	- 1. 056 (- 0. 72)	- 3. 854 *** (- 3. 84)	- 2. 494 *** (- 2. 64)

续表

解释变量	地区分类			规模分类		
	东部地区	中部地区	西部地区	小城市	中等城市	大城市
环境规制二次项	3.817** (2.31)	1.361 (0.73)	5.783** (2.44)	0.156 (0.07)	5.452*** (2.75)	3.500** (2.04)
环境规制三次项	-1.657** (-2.37)	-0.413 (-0.48)	-3.175** (-2.49)	-0.100 (-0.10)	-2.425** (-2.23)	-1.708** (-2.05)
常数项	2.819*** (8.02)	1.679*** (4.12)	1.839*** (4.56)	1.084* (1.86)	2.442*** (7.64)	3.125*** (9.62)
截面数	98	99	83	49	104	127
观测值	980	990	830	490	1040	1270
Hausman Test	47.68 [0.0000]	35.20 [0.0001]	42.66 [0.0000]	53.59 [0.0000]	58.10 [0.0000]	53.78 [0.0000]

注：***、**、*分别表示估计值在1%、5%、10%的水平上显著；小括号内的数值为稳健标准误下的t统计量，中括号内为P值。

表4-6报告了不同区域、不同规模分类情况下固定效应模型的估计结果。可以发现，尽管各变量对城市生态效率的影响方向与总体样本基本保持一致，但产业集聚、产业专业化的系数和显著性有所区别。一方面，从不同区域来看：

第一，产业集聚对城市生态效率的区域差异。尽管东部地区理论上呈显著的倒U形关系，但临界值为53.59，而中西部地区二次项系数虽然为负，但统计上并不显著。这说明，促进产业的适度集聚对生态效率的提升作用是十分明显的，而对于中西部地区来说，积极推进产业集聚是提升生态效率的有效途径。具体说来，东部、中部和西部地区的产业集聚均在1%水平下显著，且西部地区的估计系数为0.446，远高于东部地区，呈现东中西递增的趋势。这说明，在西部地区的产业集聚水平低于中部和东部的条件下，提升产业集聚水平对城市生态效率提升带来的边际效率更高，因此产业集聚水平较低的地区提升城市生态效率的潜力巨大，这也是我国进行主体功能区规划和城市建设规划应该值得注意的东西。产业集聚二次项系数全部为负值，且东部地区在1%水平下显著，也进一步说明了产业集聚提高带来的边际城市生态效率的增量是递减的。

第二，产业专业化对城市生态效率影响的区域差别。首先，不同地区城市的系数存在明显区别，西部地区最大，东部地区最小。其次，从显著性角度来说，东部地区在统计上并不显著，中西部地区均在1%的水平上显著。也就是说，产业专业化发展对中西部地区的生态效率提升作用较大，但东部地区并不显著，这也说明对东部地区来说，推动产业多样化发展可能更有利于生态效率的提升。此外，中西部地区的产业专业化系数显著地表明，走产业专业化的道路对提高中西部地区生态效率具有较大的作用。

第三，在基础设施方面，西部地区基础设施投资的增加提升生态效率的效果最明显，中部地区次之，东部地区基础设施的收益率最低，作用的空间已接近饱和状态。国家应继续通过增加西部基础设施的建设来吸引生产要素和其他经济活动向西部地区转移增加西部地区的基础设施资本投入对生态效率的增长效果最为明显，中部城市次之，东部地区的投入收益率较低，其作用已趋于饱和。国家应继续通过主导西部公共基础设施建设吸引民间生产性要素和其他经济活动向西部转移，西部城市增加城市路网密度较易获得明显的经济效果。同时，应该评估中部地区城市的投资效益、加强投资可行性分析、调整各项基础设施的投资结构。由于东部城市地面路网已经较密，城市道路密度表现出收益递减的趋势，因此，应另辟蹊径提高城市生态效率。

第四，在人口城镇化水平方面，加大户籍制度改革，促进劳动力要素的跨区域流动，对于东部地区的影响更为显著，也有利于缓解东部地区单一"土地城镇化"的问题。此外，在环境规制方面，无论东部还是中西部地区，环境规制指数上升对于生态效率呈现出负面影响，从规制的二次项来看，这种负面的影响表现出一种边际递增的趋势。根据相关环境规制理论的研究，这种负面影响可能更多地在于当前环境规制的工具主要是环境税费、配额等命令型规制工具，市场型环境规制工具发展略显不足。

另一方面，从城市的规模等级分类来看，虽然不同的城市规模下产业集聚对城市生态效率提高的作用均在 1% 水平下显著，但小型城市的产业集聚估计系数为 0.777，高于中型城市的 0.373 和大型城市的 0.250，进一步印证了小型城市在生态效率提升方面存在着巨大的潜力。从系数大小来看，小城市倒 U 形拐点最小，这说明目前我国小城市的承载力有限，进而导致了城市集聚对城市生态效率提升作用的拐点提前。

就产业专业化而言，三种规模等级的城市存在较大差异，小城市的系数最大，且在 1% 的水平上显著，这表明提高小城市的产业专业化对提高生态效率具有更加明显的作用；但对大城市而言，统计上并不显著，这则表明产业多样化发展更有利于大城市生态效率的提升。另外，小城市与大城市基础设施估计系数符号的截然不同，小城市估计系数为 0.425，且在 1% 水平下显著，表明在基础设施建设相对滞后的小城市，人均道路面积的增加能够显著地提升城市生态效率，而在城市道路网密度相对比较发达的大城市，其估计系数为 - 0.0386，也进一步表明了提高人均道路密度并非是大城市生态效率提升的最佳选择。在环境规制方面，其结论也与不同区域条件下的结论一致。

4.5　稳健性检验

为了检验估计结果的稳健性，进一步测算不考虑环境损失的城市经济效率并对总体样本进行重新估计，表 4-7 报告了稳健性检验的估计结果，与表 4-6 所报告的结果基本一致，即产业集聚与城市经济效率理论上存在非线性关系，但二次项系数较小，且不显著，这从另一个侧面说明当前城市的产业集聚不经济主要表现为环境损失，尤其是废气、废水、废渣等非期望产出造成的环境负外部性；产业专业化不仅有助于城市经济效率的提高，还有利于跨区域产业协作，以及产业纵向和横向一体化，带来的投入要素上的节约，最终促进城市生态效率的提升；基础设施状况、人口城镇化水平和环境规制对城市生态效率的影响与原模型基本一致，不同之处在于系数有所变化，且基础设施状况的估计不显著。因此，产业集聚以及产业专业化对于城市生态效率提升的作用是稳健的。

表 4-7　　　　　　　　　总体样本稳健性检验的估计结果

解释变量	(1)	(2)	(3)	(4)
产业集聚	0.117 *** (4.39)		0.112 *** (4.18)	0.0991 *** (3.55)
产业集聚二次项	- 0.00112 (- 1.60)		- 0.00103 (- 1.48)	- 0.00106 (- 1.50)
产业专业化		1.417 ** (2.41)	1.088 * (1.85)	1.302 ** (2.23)
基础设施状况				0.00208 (0.33)

续表

解释变量	（1）	（2）	（3）	（4）
人口城镇化水平				0.264*** （6.75）
环境规制				−3.022*** （−4.88）
环境规制二次项				4.967*** （4.58）
环境规制三次项				−2.233*** （−4.43）
常数项	3.222*** （32.15）	3.326*** （21.78）	2.962*** （17.16）	2.997*** （14.02）
截面数	280	280	280	280
观测值	2800	2800	2800	2800

注：***、**、*分别表示估计值在1%、5%、10%的水平上显著；括号内的数值为稳健标准误下的t统计量。

4.6 本章小结

为了检验产业集聚、产业专业化与城市生态效率的关系，首先建立两部门生产模型，从理论的角度分析了在存在清洁生产部门和非清洁生产部门条件下，产业集聚与环境污染的关系。将环境损失纳入评价体系中，采用SBM模型估算各个地级市的生态效率，中国地级市城市生态效率呈现出以下特征：（1）总体上看，中国地级市生态效率较低，研究期内均值仅为0.456。理论上在给定产出不限条件下，中国地级市尚有65.1%的生态效率提升潜力。（2）从时序特征来看，2003～2017年，中国地级市生态效率总体呈现先降后升态势，效率值最低点均出现在2005年，这也说明整体上有逐步改善的趋势。（3）从空间分布特征来看，中国地级市生态效率空间上呈现"中部塌陷"现象：东部城市效率水平率高于中西部地区，西部地区城市则高于中部地区；中国城市间的环境约束下生态效率差异具有缩小趋势，其差异的主要贡献来自区域内差异，说明城市间生态效率没有显示出"俱乐部"趋同，且中部地区城市内部差异对总差异的贡献呈上升态势。（4）从城市规模等级特征来看，小城市在生态效率上具有明显优势，整体上城市规模等级与生态效率呈 U 形关系。

通过 2003～2017 年 280 个地级市的面板数据，从全国、分地区、分城市规模分析了产业集聚、产业专业化与城市生态效率的关系。（1）产业集聚、产业专业化对于城市生态效率具有显著地促进作用，而且这种促进作用在西部地区和小型城市之间更大，中部地区和中型城市次之。（2）产业集聚与城市生态效率之间理论上呈倒 U 形关系，但在中西部地区和中等城市中并不显著，且绝大多数城市离拐点临界值尚有较大距离。（3）产业专业化水平对城市生态效率有正向影响关系，但在东部地区和大城市中并不显著。（4）此外，还发现城市基础设施尤其是城市道路网的逐步完善对于小城市和西部地区作用更大，而对于东部地区和大城市而言，并不能作为提升其生态效率的途径；而在人口城镇化方面，东部地区和大城市人口城市密度的提升对于城市生态效率的提高也有促进作用，但是对于小城市和中部地区而言，这种作用则不太显著。

根据本节的研究结论，产业集聚和产业专业化对于全国整体、不同地区、不同城市规模的作用方向基本一致，但也存在细微的差异。本书基于我国产业集聚、产业专业化的现实，结合研究结论，从多个角度提出提升城市生态效率的建议和对策：

（1）加快推进产业结构调整，通过供给侧的结构性改革促进产业结构的优化升级

一方面，积极发展资源友好型产业，将产业结构的调整和绿色技术创新相结合，以落后产能的淘汰倒逼产业调整，以绿色技术的偏向性进一步引导产业结构优化升级，以市场化发展推动劳动、资本等生产要素跨区域优化配置，推动重工业产业内部结构的优化和战略性新兴产业的集聚，进而实现在已定投入条件下非期望产出的最小化和期望产出的最大化，带来城市生态效率的总体提升。

（2）科学制定产业规划，合理布局产业园区

对于大部分城市而言，应加强产业规划、人口规划、基础设施规划与城市总体规划的衔接，通过土地利用规划引导产业专业化和产业集聚，积极推行

"一城一产"发展战略，提高产业集聚强度，进而提高我国城市生态效率。对于产业园区的规划要实行扶优汰劣政策，加快实现产业集聚、用地集约。可以通过两个方面来实现这个目的，一方面，可以依据产业政策和未来产业发展方向对不同企业实行进行分类，制定差别化和有针对性的优惠政策，例如差别地价，对符合发展要求的建设项目给予支持；针对不同产业的生产特点以及经营特征，可以通过科学适当的价格杠杆手段对不同产业园区进行引导，实现企业由多个园区向一个园区集聚。实行优扶劣汰，实现产业集聚、用地集约。另一方面，对老工业区低效用地，将产业技术升级和结构性调整放在重要位置，引进高新技术产业，提高城市生态效率。

（3）以区域生态效率提升为导向，注重产业质量集聚

提升产业集聚水平，并非意味着简单数量上的叠加和规模上的扩大，尤其是中西部地区产业集聚程度不高的条件下，应不断发掘自主创新能力和区域协同创新能力，培育形成"生态型"优势产业集群，着力发展节能、环保以及低耗性产业，提升城市生态的效率。

（4）注重人才质量的集聚，加快构建城市绿色科技人才梯队

技术的创新根本在于人才的培养和多层次人才体系的建立，必须毫不动摇地坚持人才强国战略，加快构建绿色技术工人、管理人员、研发人员等在内的人才梯队，建立以人才梯队资源池为中心，人才区分机制、培养机制、选拔机制和发展激励机制为重要内容的人才体系，进而为城市生态效率的转化提供不竭动力。

（5）改善环境规制结构，提升规制质量

合理利用命令型环境规制工具，对污染企业设立强制约束的同时，积极借助市场型环境规制工具，发挥市场机制的作用激励企业在追求企业利润最大化的过程中选择有利于控制环境污染的决策；并通过自愿参与型环境规制，利用环境规制中的各相关利益集团，通过给予污染者一定的规制豁免来激励排污者实现规制目标或提高规制效率，进而带来城市生态效率的提升。

第5章
人口集聚与城市生态效率

因"市"而"城"，是人类早期的城市发展形态。早期的集市交易把人逐渐聚集到了一起，随着工业化的发展，人口进一步集聚到了城市。城市是人的集聚地，城市对人类也具有难以阻挡的魅力：信息的交流更加便捷、思想的碰撞更加频繁、生活的方式更加精彩、发展的机会更加均等、教育的环境更加开放等，这些更加有助于社会进步的集聚行为，诱使人们自发地向城市流动。人口流向城市的过程，也就是人口集聚的过程，城市人口集聚表现为两个层面：一是城市的总人口，即城市的人口规模；二是城市的人口密度。这两个层面分别对城市的生态效率影响如何呢？本章内容将从这两个视角展开实证分析。

5.1 人口集聚的内涵

5.1.1 刘易斯二元经济理论

根据刘易斯的二元经济模型，将发展中国家分为两个经济部门，并通过构建模型来分析发展中国家剩余劳动力转移的过程，而人口在该模型中占有重要作用。其中两个经济部门分别是拥有较高边际生产率和过剩劳动力的传统农业部门和劳动生产率高的现代工业部门。在该模型中刘易斯指出，经济发展初期，在农村中剩余劳动力大量存在，劳动力供给在工业部门里是无限的；另外，工业部门比农业部门具有更高的工资，因而追求更高收益的农民开始向城市的现代工业部门转移，而城市工业部门也可以在不改变其工资的情况下吸引农村剩余劳动力，不断扩大生产规模，直到出现"刘易斯转折点"，即传统农业部门和现代工业部门拥有相同的边际生产率，并且农村剩余劳动力全部向城市流动。

1972 年发表的《对无限劳动力的反思》中，刘易斯对经济发展的三个阶段和两个转折点进行了详细阐述。在第一阶段，劳动力供给无限，剩余劳动力从劳动边际生产率为零的部门向非农产业部门转移逐渐完毕，劳动力供给由无限变为短缺，此时非农业部门的工资开始上升，二元经济经历第一个转折点，进入发展的第二阶段。在第一阶段即第一转折点之前，农村剩余劳动力转移不会影响农业生产所需的必要劳动力，此时，农业总产量不会受到影响，而在第一转折点之后，随着劳动力自传统农业部门继续向现代工业部门的转移，边际生产率大于零的劳动力逐渐减少，如果技术水平没有发生变化，农业总产量随之减少，将会出现粮食短缺的问题。现代工业部门在发展过程中对劳动力的需求不会因农业生产率不断提高而释放出的边际生产率为零的剩余劳动力而得到满足。雷恩斯和菲（Rains and Fei，1969）在工业和农业发展比较方面对刘易斯的理论进行了拓展，根据他们的研究，经济发展到刘易斯模型第二阶段的前提是，随着农业生产率的提高，农业部门对劳动力的需求减少，并与农村人口的增长速度相比，劳动力由农业部门向工业部门转移的速度更高。雷恩斯和菲（1969）指出，发展中国家经济发展的关键是将农村剩余劳动力全部转移就业，农业生产力不断增长，从而实现传统农业部门和现代工业部门生产率的均衡。

在刘易斯模型中，当进入第二阶段后，现代工业部门的工资不断增加，在工业部门和农业部门具有相同的边际生产率的条件下，二者的工资水平也基本相等，农业部门劳动力不再具有向工业部门转移的经济因素，便形成了城乡一体化的劳动力市场，劳动力作为生产要素配置完全商品化，此时城乡收入差距和效率扭曲不再存在。至此，经济发展进入了一元经济时代，结束了其经济发展的新古典学派二元经济状态，经济发展经过第二转折点，由第二阶段进入第三阶段。

国内学术界对刘易斯转折点是否存在有着争议。蔡昉（2010）通过研究指出，劳动力需求与劳动力供给相比拥有更高的增长速度，并且提出刘易斯转折点工资开始提高之时，劳动边际生产力是农业劳动力的工资的决定因素，劳动边际生产率差距在传统农业部门和现代工业部门之间产生。对刘易斯转折点通常从以下五个方面衡量：一是利用人口红利来判断刘易斯转折点的到来；二是通过全体居民收入分配变化来判断刘易斯转折点的到来；三是通过农村剩余劳动力的存在判断刘易斯转折点的到来；四是通过工资是否上涨判断刘易斯转折点的到来；五是根据农业边际生产率和制度工资的比较判断刘易斯转折点的到来。

5.1.2 人口迁移成因与劳动力市场理论

在人口迁移成因的研究上"推力—拉力"理论具有非常重要的地位。"推力—拉力"理论在李（1966）的研究下进行了完善和发展。李（1966）认为有四个影响人口迁移的重要因素：个人因素、迁入地因素、迁出地因素和迁移过程中的障碍因素。而以上四个因素共同影响人口迁移。当迁出地推力和迁入地的拉力之和比迁入地的推力和迁出地拉力之和更大时，理性的迁移人口才会选择迁移。

在分析人口的迁移行为时，舒尔茨（1964）考虑了迁移效率和迁移成本的问题。根据他的研究，迁移过程中的心理成本、对未来就业的紧张和压力、对前途的担心、对家乡的思念、迁移的机会成本等直接或间接产生的费用被看作人口迁移的成本，人口通过迁移获得的经济收入的增加被视为人口迁移的收益。迁移收益大于人口成本的迁移是合理的人口迁移。

自20世纪80年代以来劳动力迁移理论取得了新的进展。斯塔克（Stark，1991）的新劳动力迁移经济学理论中指出人口迁移并不是单个劳动者决定的，而是家庭的集体行为。在迁移过程中，家庭迁移的主要目的是家庭迁移预期的收益最大化和风险的最小化，这对家庭成员的流入或流出起着决定性的作用。该理论的核心是经济约束、风险转移和相对剥夺。在其相同的生活环境中，没有外出务工的农村家庭里如果有外出务工人口的家庭收到外出务工人口的汇钱，则其会产生一种相对的失落感。在绝对收入的基础上，斯塔克（1991）还提出了相对收入的概念，指出城乡之间的人口迁移与城市和农村之间的相对收入差距具有紧密的联系，在居住地没有迁移人口的家庭和有迁移人口的家庭之间的收入差距，也是影响人口迁移的重要因素之一。斯塔克和拉哈利（Stark and Levhari，1982）对人口迁移可能的收入预测问题进行了研究，并指出人口在进行迁移决策时，预期收入是其考虑的重要因素，并且会考虑到预期收入的多变性和不确定性。斯塔克和泰勒（Stark and Taylor，1991）通过研究指出，迁移人口的经济社会地位在迁入地和迁出地的相对变化对人口迁移具有正向影响。收入差距是影响人口迁移的重要因素但并不是唯一因素，社会网络和人际关系等都很大程度影响人口迁移决策。

拉文施泰因（Ravenstein）在 1889 年出版的《人口迁移规律》中，其总结了关于人口迁移流向、迁移距离和迁移者特征和规律等 11 条重要结论。包括：（1）大部分的迁移人口迁移距离都比较短；（2）人口迁移是分步骤进行的；（3）在选择远距离迁移时迁移人口更倾向于大型商业中心；（4）每个迁移流向都与一个迁移逆流相对应；（5）农民的迁移相对于城市的居民倾向更大；（6）长距离迁移人口中男性较多，而短距离迁移中女性迁移者较多；（7）未成年人口在迁移人口中比成人迁移人口多；（8）大城市的增长的人口中，迁移人口比自然增长的人口多；（9）工商业的发展和基础交通设施水平的提高有助于人口迁移量的提高；（10）人口迁移的主要方向是由农业地区向工业地区和商业地区迁移；（11）迁移动机大多由经济原因构成。以上迁移规律仍然适用大多数发展中国家。

关于人口迁移与城市相匹配上，博尔哈斯提出了自我选择理论，对迁移人口自我选择问题进行了研究。他提出主要是有以下三个因素影响迁移决策的：一是迁移人口自我判断的主要依据——迁移人口能力转换为实际收入的能力；二是迁移目的地收入水平和迁移人口原住地的对比；三是收入在迁移目的地内部之间的差距。根据自我选择理论，高水平的劳动力为寻求高额工资，实现自身全部能力，往往选择发达的大城市作为其迁入地，这导致贫困地区高水平人才的进一步流失。素质相对较低的劳动力为了使其生活成本和收入相匹配，获得更加幸福的生活，往往选择规模较小的城市作为其迁入地。此外，大型城市对素质相对较低的劳动力仍然具有一定的吸引力，这是因为劳动力市场具有互补性。

此外在分析劳动力市场的结构问题时，皮蓬（Pjore，1970）提出了二元劳动力市场分割理论，在他的理论中，劳动力市场被分为二元结构，一是劳动力市场与资本密集型部门联系紧密，其特点表现为工作保障性强、薪资较高、较多的培训机会、良好的工作环境以及更多的晋升机会；其构成主要为接受过良好教育，来自收入水平较高家庭的劳动者。二是与劳动密集型部门相对应的劳动力市场，其特点为工作环境相对较差、培训机会相对更少和薪资水平相对较低，容易受到宏观经济的不确定性的影响、工作环境相对不稳定。因为劳动力市场具有较强的分割性的特点，第一劳动力市场上，大部分劳动力很难再找到适合自己的职位，因而只能在第二市场寻找职位，使得劳动力体现出较低的教育回报率。

5.1.3 人口与经济互动的中心外围理论

人口由相对落后地区向相对发达地区迁移，这与人口由农业向非农业迁移、由农村向城镇迁移一样，是人口迁移的重要组成部分。人口由外围地区向中心地区迁移便是新经济地理学的主要内容。区域经济学者长期以来关注的重点是区域的异质性特征，与市场竞争相违背的现实条件主要可以归纳为：不完全可分的经济活动、不完全流动的生产要素和不完全流动的劳务和商品，区域经济学者进而指出了区域经济差异存在的客观性及其不可消灭性。缪尔达尔在他的累计循环因果理论中结合了区域经济发展的扩散效应和回波效应，为解释区域经济的非均衡发展提供了理论基础。

20世纪90年代，在以上经济思想和理论的基础上，克鲁格曼（Krugman，1991）提出了新经济地理学理论，使用垄断竞争市场中的经济增长模型和规范的数学语言，结合运输成本变化，认为区域工资差异在专业化生产中形成，形成了推动经济集聚累计循环的机制，使得经济空间分布的主要表现为"中心—外围"形式。在他的模型中，世界经济中被假设为只有两个部门和两个区域，同时农业部门具有不变的规模报酬，在两个区域农民工资相同并且分布均匀，工业部门则具有递增的规模报酬，通过一系列推导得出，随着该地区制造业份额的增大，一个地区价格指数变小，随之提高的是制造业的工资，这使得实际工资相对较低的地区人口向实际工资相对较高的地区迁移，因此高收入地区集聚了越来越多的就业人口，如果人口进行迁移是自由的，则打破了期初对称的经济格局，人口和经济空间分布呈现出"中心—外围"的特征。不单是本地市场效应，产业间前后向联系效应也是形成中心地区的原因。

不同层次的经济活动在实际的经济活动中空间集聚特征显著，人口空间分布也表现出集中的趋势，在动态演变中人口分布逐渐向经济中心集聚。区域经济发展差距对人口空间分布特征和人口迁移规模具有较大影响，关于区域经济发展差距具有缩小还是扩大甚至消失的趋势没有准确的判断，同样各地居民收入是否具有收敛性未知，区域经济发展差距影响人口迁移，人口迁移又会导致区域经济发展差距的产生。

在第一阶段，由于自然条件优势或先发优势，一些地区具有规模递增的规模报酬，劳动力和资本通过循环累积的因果机制不断迁入，在极化效应下地区的经济逐渐发展，在经济集聚的作用下各地区总体经济规模差距逐渐扩大，相对落后地区的劳动力迁入逐渐相对发达地区对人均收入差距的缩小有着积极作用，促进了收入的收敛。理想的情况下，人口由相对落后地区向相对发达地区迁移，人口规模和地区经济实力得到完全匹配，使得资本劳动比和资本产出比趋同。因而人口迁移可以既可以缩小区域间居民收入差距，也可以扩大区域经济的总体差距。

在第二阶段，随着经济集聚程度的不断加强，集聚中心的商品和要素价格以及不可贸易品成本上升，集聚效应在发达地区逐渐变为拥挤效应，生产效率此时开始下降，发达地区迫切需要转变经济增长方式和产业结构升级，从而促使厂商转移投资产业转移，而拥挤效益便是缓解的唯一方式。在产业集聚达到一定程度后产业扩散开始形成。在发达地区，某些企业和产业面前规模报酬递增不再成立，规模报酬开始递减甚至变为负。在具有较好条件的欠发达地区相应的产业快速发展，欠发达地区经济随着新增资本投资实现快速增长和区域外的产业转移，由于产业转移的空间粘性（藤田，1999），欠发达地区对发达地区的追赶成为产业梯度转移下的圈层结构式演变。大城市的一些人口由于产业转移向新的发展区迁移就业，并且在拥挤效应的作用下，大城市的一些人口逐渐迁移到中小城市。

5.2　人口规模对城市生态效率的门槛效应

城市人口集聚表现为两个层面：一是城市的总人口增长；二是城市的人口密度增加。城市人口规模扩大能带来聚集效益，进而提升城市经济效益，其主要表现为提升劳动生产率和城市生产率。基于劳动生产率视角：奥和安德森（Au and Henderson，2004）的研究发现，城市集聚能够显著提高生产效率和人均收入，中国的城市规模偏小，导致了城市效率有限。格莱泽和莱塞格（Glaeser and Resseger, 2010）研究进一步证实，美国城市人口规模与劳动生产率存在显著正相关，特别是在大城市的表现更加突出。基于城市生产率视角：阿伦德（Ahrend）等基于 OECD 成员方的城市数据，发现城市人口 1% 的增长能够带来生产率 0.12% 的提高。不过，部分研究发现，城市人口规模对劳动生产率、企业生产率、城市生产率和城市效率之间，并非简单的线性关系，如安德森（Henderson，1974）的研究指出，存在一个最优城市人口集中度，使得生产率最大化，过度集中或者集中不足的情况都会导致生产成本上升，从而造成生产率下降；梁婧等（2015）研究发现城市规模与劳动生产率呈现显著的倒 U 形关系；柯善咨和赵曜（2014）指出随着人口规模的增大，城市生产率会发生先升后降的倒 U 形变化；金晓雨和郑军（2015）研究表明城市规模与效率之间存在倒 U 形关系。

城市人口密度的增加对城市产业发展和效率提高产生了积极的作用，同时对于城市环境和生态资源也带来了不良的影响。西科恩和哈勒（Ciccone and Hall，1996）的研究表明：美国非农就业密度提高一倍，则非农产业劳动生产率将提高 5%，而欧盟德国、意大利、法国、西班牙与英国等国的这一弹性系数也维持在 4.5% 左右；另外，因为人口规模扩大，人口密度增加又提高了个体的生活成本，进而降低劳动生产率。许庆明等（2015）基于日本、韩国城市人口集聚密度和产业结构的比较发现，提升核心城市人口集聚密度能促进城市群产业结构优化升级；另外，随着城市人口规模的扩大，人口密度的增加又会导致拥挤成本，进而抑制城市生产率的提高。

综上所述，城市规模对城市经济效益、城市环境效率之间，不是简单的线性关系。生态效率是经济效率与环境效率的综合，由此可以认为，城市规模与城市生态效率之间，也非简单的线性关系，即可能存在非线性关系。为此采用非线性门槛模型对城市规模与城市生态效率进行实证检验。

5.2.1 模型构建与估计

5.2.1.1 模型构建

"门槛效应"是指人口规模对城市生态效率的影响过程存在若干个关键点，

只有相关变量跨越这些关键点，人口规模才会对城市生态效率的提升起到促进作用。关于门槛效应的检验，主要有分组检验（Girma，Greenaway and Wakelin，2001）和交叉项模型检验（Kinoshita，2001）两种方法。具体来讲，分组检验是先选择割点将样本分组，但该方法存在两点不足：一是样本分组缺乏客观的标准；二是无法对不同的回归结果进行显著性检验；而交叉项模型检验是通过建立包含交叉项的线性模型来研究各个变量之间的相互作用，但其不足是难以确定交叉项的形式，且无法解决回归结果的显著性检验问题。为此，采用汉森（Hansen，1999）提出的面板门槛回归模型进行门槛效应检验，该方法既能估计出门槛值，又能对门槛效应进行显著性检验。门槛面板模型的核心思想是将门槛变量作为一个未知变量，将其纳入回归模型中并建立分段函数，进一步估计和检验各个门槛值。

首先，基于第 4 章的式（4 - 20），以人口规模为门槛变量，分析人口规模对城市生态效率的门槛效应，建立单一门槛模型：

$$uee_{it} = \delta_0 + \alpha_1 us_{it} I(us_{it} \leq \gamma) + \alpha_2 us_{it} I(us_{it} > \gamma) + \beta X_{it} + \varepsilon_{it} \qquad (5-1)$$

式（5 - 1）中，us 为城市人口规模 γ 为未知门槛；$\varepsilon_{i,t}$ 为随机扰动项；$I(\cdot)$ 为指标函数，等价于下列分段函数：

$$uee_{it} = \begin{cases} \delta_0 + \alpha_1 us_{it} + \beta X_{it} ; cs_{it} \leq \gamma \\ \delta_0 + \alpha_2 us_{it} + \beta X_{it} ; cs_{it} > \gamma \end{cases} \qquad (5-2)$$

其次，基于门槛效应的检验结果，进一步构建多重门槛模型：

$$uee_{it} = \delta_0 + \alpha_1 us_{it} I(us_{it} \leq \gamma_1) + \alpha_2 us_{it} I(\gamma_1 < us_{it} \leq \gamma_2) + \cdots$$
$$+ \alpha_n us_{it} I(us_{it} > \gamma_n) + \beta X_{it} + \varepsilon_{it} \qquad (5-3)$$

最后，参照式（5 - 1）、式（5 - 3），分别构建东部、中部和西部地区城市人口规模对城市生态效率的单一门槛模型和多重门槛模型。

5.2.1.2　模型估计方法

借鉴汉森（1999）和白（Bai，1997）的模型估计以及检验方法，本书在进行门槛面板回归分析的时候，主要方法由以下几部分组成：

第一，估计门槛值及其系数。首先，从单一门槛模型中取得临时门槛值 γ^*。若任意赋一个初始值 γ_0，通过 OLS 估计得到其残差平方和 $S_1(\gamma_0)$，当 γ 按照从小到大依次取值时即可以得到不同的 $S_1(\gamma)$，而取门槛值 γ^* 时，其残差平方和 $S_1(\gamma)$ 最小，即 $\gamma^* = argminS_1(\gamma)$。然而，在实际应用中，由于数据计算工作量较大，为了提高估计精度，门槛值的估计通常采用格栅搜索法（grid search），一旦确定了门槛回归中的门槛值，就可以通过 OLS 估计出斜率 $\eta(\gamma^*)$；其次，将取得的临时门槛值 γ^* 代回，按照上述方法，γ^* 开始从小到大依次进行取值，得到使得残差平方和 $S_2(\gamma_2)$ 最小的门槛值 γ_2，即 $\gamma_2 = argminS_2(\gamma^*, \gamma_2)$，此时的门槛值 γ_2 是渐进有效的；再者，将得到的门槛值 γ_2 重新代回，得到最终的门槛值 γ_1，即 $\gamma_1 = argminS_3(\gamma_1, \gamma_2)$。

第二，检验门槛效应的显著性。其目的是检验以门槛值为界限的样本组的模型估计参数之间是否有显著的差异（董直庆，焦庆红，2015）。以单一门槛为例，不存在门槛值的原假设：H_0：$\gamma_1 = \gamma_2$，备择假设：H_1：$\gamma_1 \neq \gamma_2$，则构建 LM 检验统计量：$F_1 = (S_0 - S_1(\hat{\gamma}))/\hat{\sigma}^2$，其中，$\hat{\sigma}^2 = S_1/[n(T-1)]$；$S_0$ 表示不存在门槛时的 OLS 残差平方和；$S_1(\hat{\gamma})$ 表示存在门槛时的 OLS 残差平方和；$\hat{\sigma}^2$ 为门槛估计残差的方差。如果不拒绝原假设，则不存在门槛效应，反之则存在门槛效应；当第一个门槛值确定以后，搜寻并检验是否存在第二个门槛值，并在此基础上继续搜寻多重门槛，直至无法拒绝原假设为止。

第三，检验门槛值是否等于真实值。真实性检验的目的在于进一步确定门槛值的置信区间，门槛面板模型采用极大似然估计法对其真实性进行检验。原假设为 H_0：$\gamma = \gamma_0$，则检验似然比统计量可以构建为：$LR_n(\gamma) = n(S_n(\gamma) - S_n(\hat{\gamma}))/S_n(\hat{\gamma})$，其中，$LR_n(\gamma)$ 是非标准正态分布的，在 α 的显著性水平上，如果 $LR_n(\gamma) \leqslant c(\alpha) = -2\log(1 - \sqrt{1-\alpha})$，则不能拒绝原假设，即得到的门槛值是真实的。其中，根据汉森（1999）提出的判定门槛效应显著性的临界值可知，在 10%、5% 和 1% 的显著性水平上，$c(\alpha)$ 分别为 6.53、7.35 和 10.59。

5.2.2　全国门槛效应结果分析

5.2.2.1　门槛的确认与检验

根据面板门槛模型的原理以及原假设，参照连玉君和程建（2006）的做法

依次针对不存在门槛值、存在一个门槛值或多个门槛的原假设进行检验，得到 F
统计量，采用"自抽样法"（bootstrap）得出的 P 值（结果见表 5 - 1）。

表 5 - 1　　　　　　　　　　　　门槛效果检验

模型	F 值	P 值	临界值		
			1%	5%	10%
单一门槛	11. 988 **	0. 030	18. 028	9. 551	6. 576
双重门槛	12. 277 **	0. 050	22. 173	12. 756	9. 490
三重门槛	5. 764 *	0. 100	16. 146	9. 208	5. 783

注：（1）BS 次数借鉴王惠等（2016）的做法，采用反复抽样 100 次；（2）***、**、* 分
别表示估计值在 1%、5%、10% 的水平上显著。

从表 5 - 1 可以发现，单一门槛和双重门槛效应显著，相应的自抽样 P 值分
别为 0. 030 和 0. 050，分别在 1% 和 5% 显著性水平下显著；而三重门槛效应并不
显著，自抽样 P 值为 0. 100。因此，下面将基于双重门槛模型进行分析。

然后，确定门槛的估计值以及构造门槛值的置信区间，判定门槛值的真实
性。利用最小二乘的似然比统计量 LR 识别门槛值，图 5 - 1、图 5 - 2 分别为两
个门槛估计值的似然比函数。

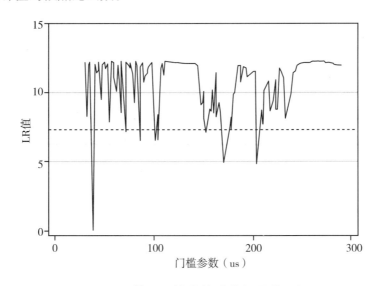

图 5 - 1　第一门槛值估计值与置信区间

两个门槛的估计值及相应的 95% 置信区间见表 5 - 2，结合图 5 - 1、图 5 - 2
可以看出，两个门槛估计值 γ_1、γ_2 的 95% 置信区间分别为 [38. 110，206. 960]

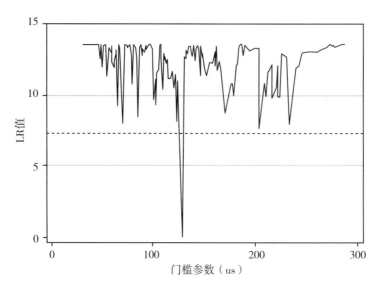

图 5 - 2   第二门槛值估计值与置信区间

和 [126.69, 129.670], LR 值均小于 5% 显著水平下的临界值 7.35（对应图 5 - 1 和图 5 - 2 中的虚线）的 γ 构成的区间。

表 5 - 2   门槛值估计结果

检验	估计值	95% 的置信区间
门槛值 γ_1	39.590	[38.110, 206.960]
门槛值 γ_2	128.900	[126.69, 129.670]

上述结果表明，城市人口规模对城市生态效率的影响呈非线性关系，依据这两个门槛值将我国各地级市分为较小人口规模城市（$us \leqslant 39.590$）、中等人口规模城市（$39.590 < us \leqslant 128.900$）和较大规模人口城市（$us > 128.900$）三个区间。

5.2.2.2　门槛模型的回归结果

基于固定效应对双重门槛模型的参数进行估计，结果见表 5 - 3。

表 5 - 3   门槛模型的参数估计结果

城市生态效率	系数估计值	标准差	t 值
产业集聚	0.332 ***	5.92	0.000
产业集聚二次项	− 0.00586 ***	− 5.41	0.000
产业专业化	2.432 **	2.43	0.016

续表

城市生态效率	系数估计值	标准差	t 值
基础设施状况	0.00914	0.52	0.606
环境规制一次项	− 2.203 ***	− 3.81	0.000
环境规制二次项	2.554 **	2.42	0.016
环境规制三次项	− 1.132 **	− 2.31	0.022
城市规模（ $us \leqslant 39.590$ ）	− 0.0226 **	− 2.19	0.030
城市规模（ $39.590 < us \leqslant 128.900$ ）	− 0.0101 **	− 1.98	0.049
城市规模（ $us > 128.900$ ）	0.00674 *	1.7	0.090
C	3.196 ***	6.68	0.000

注：***、**、*分别表示估计值在1%、5%、10%的水平上显著。

从表5-3的估计结果来看，产业集聚、产业专业化、城市基础设施环境规制等因素与第4章的估计结果基本一致。从人口规模为门槛而言，从表中可以发现：第一，门槛效应的估计结果显示，三个区间的人口规模对城市生态效率均有显著影响，从估计系数看，人口规模对城市生态效率影响存在U形关系；第二，当城市的人口规模位于第一区间时，估计系数为 − 0.0226，且在5%的显著水平上，这表明在这一区间城市生态效率是递减的；第三，当城市的人口规模位于第一区间时，估计系数为 − 0.0101，且在5%的显著水平上，结果显示这一区间的生态效率递减速度明显降低；第四，当人口规模跨越第二门槛时，估计系数为0.00674，并在10%的显著水平上，这一结果说明该区间的生态效率明显提升，这也进一步说明人口规模对城市生态效率的影响并非单调递增（减），而是存在一个拐点。

人口规模与城市生态效率之间存在非线性关系，人口规模处于第一和第二区间时，城市生态效率处于递减状态，但是第二区间的递减趋势明显低于第一区间。导致这一结果的原因可能是：一方面集聚效应尚不明显；另一方面随着人口规模增长，经济发展和工业化水平提高，加剧了能源消耗、工业企业污染排放物和增加了汽车尾气等。

当人口规模跨越第二个门槛值，人口规模对城市生态效率产生了明显的正向作用。导致这一结果的原因可能是人口规模扩大，一方面是城市规模扩大能带来聚集经济效益，进而提升城市经济效益；另一方面也可能是随着城市规模扩大，城市环保投入的增加、绿化覆盖的提升以及技术进步的加快，显著改善了环境的控制和治理能力，人口的规模效应提高了资源的利用效率。

上述结论表明，积极扩大城市人口规模，能够有效提升城市生态。截至2017年末，我国280个地级市中，仅有112个城市年末市辖区人口高于128.9万人，占比40%。这进一步说明，当前，我国推进以人为中心的城镇化，积极扩大中小城市规模，能有效提升全社会的生态效率，有助于经济社会的可持续发展。

5.2.3 东、中、西部门槛效应对比分析

5.2.3.1 门槛检验

我国各个区域的资源禀赋和环境承载力存在较大差异，为了进一步分析城市人口规模对城市生态效率的影响，下面采用前面的方法分别就东部地区、中部地区和西部地区的人口规模对城市生态效率影响的门槛模型进行估计。表5-4和表5-5分别报告了门槛效果检验和门槛值的估计结果。

表5-4 门槛效果检验

区域	模型	F 值	P 值	临界值		
				1%	5%	10%
东部	单一门槛	24.332***	0.000	13.588	10.902	8.453
	双重门槛	12.361**	0.040	21.627	10.429	8.397
	三重门槛	6.009	0.200	34.625	15.896	10.336
中部	单一门槛	21.986***	0.010	22.124	8.639	5.450
	双重门槛	24.442***	0.010	22.494	11.953	7.444
	三重门槛	6.204	0.210	24.132	12.391	8.616
西部	单一门槛	13.318*	0.080	28.211	16.860	9.989
	双重门槛	6.950*	0.080	15.419	9.381	6.567
	三重门槛	4.963	0.180	17.110	11.293	9.321

注：（1）BS次数借鉴王惠等（2016）的做法，采用反复抽样100次；（2）***、**、*分别表示估计值在1%、5%、10%的水平上显著。

表 5 - 5　　　　　　　　　　门槛值估计结果

区域	检验	估计值	95% 的置信区间
东部	门槛值 γ_1	128.900	[126.690, 128.900]
	门槛值 γ_2	172.110	[70.600, 210.910]
中部	门槛值 γ_1	86.200	[85.380, 86.600]
	门槛值 γ_2	139.100	[137.520, 139.320]
西部	门槛值 γ_1	39.350	[38.110, 71.900]
	门槛值 γ_2	131.410	[54.500, 137.370]

从表 5 - 4 可以发现：①就东部地区而言，单一门槛和双重门槛效应显著，相应的自抽样 P 值分别为 0.000 和 0.040，分别在 1% 和 5% 的水平下显著；而三重门槛效果并不显著，自抽样 P 值为 0.200；②就中部地区而言，单一门槛和双重门槛效果的效果显著，相应的自抽样 P 值均为 0.010，在 5% 的水平下显著；而三重门槛效果并不显著，自抽样 P 值为 0.210；③就西部地区而言，单一门槛和双重门槛效果的效果显著，相应的自抽样 P 值均为 0.080，在 10% 的水平下显著；而三重门槛效果并不显著，自抽样 P 值为 0.180；④从上述情况可以发现，不论是东部地区、中部地区还是西部地区，都存在显著的双重门槛。

表 5 - 5 的结果显示，不论是东部地区、中部地区还是西部地区，人口规模对城市生态效率影响的两个门槛值 γ_1、γ_2 的 LR 值均小于 5% 显著水平下的临界值。

上述结果表明，不论是东部地区、中部地区还是西部地区，城市人口规模对城市生态效率的影响均呈非线性关系。结果还显示，不同地区的门槛值也不一样，依据不同地区的门槛值，将不同地区的地级市进行人口规模划分如下：①就东部地区而言，较小规模城市为 $us \leq 128.900$，中等规模城市为 $128.90 < us \leq 172.110$，较大规模城市为 $us > 172.110$；②就中部地区而言，较小规模城市为 $us \leq 86.200$，中等规模城市为 $86.200 < us \leq 139.100$，较大规模城市为 $us > 139.100$；③就西部地区而言，由于承载力受限，中小规模城市的标准有所不同，较小规模城市为 $us \leq 39.350$，中等规模城市为 $39.350 < us \leq 131.410$，较大规模城市为 $us > 131.410$。利用门槛值将不同地区的城市规模进行分类，有助于更好地理解和分析区域差异，同时也预示着，我国城市等级分类过程中，不能简单地采用一个标准。

5.2.3.2　门槛模型的估计与讨论

基于固定效应分别对东部地区、中部地区和西部地区的双重门槛模型的参数进行估价，结果见表5-6。

表5-6　　　　　　　　门槛模型的参数估计结果

东部地区	城市规模门槛效应（1）	中部地区	城市规模门槛效应（2）	西部地区	城市规模门槛效应（3）
产业集聚	0.184 *** (3.19)	产业集聚	0.373 ** (2.13)	产业集聚	0.446 *** (3.05)
产业集聚二次项	-0.00292 *** (-2.72)	产业集聚二次项	0.00256 (0.13)	产业集聚二次项	-0.00610 (-0.57)
产业专业化	0.528 (0.60)	产业专业化	2.723 * (1.73)	产业专业化	5.334 *** (2.65)
基础设施状况	-0.0163 (-1.35)	基础设施状况	0.00563 (0.37)	基础设施状况	0.0449 *** (2.70)
环境规制一次项	-2.256 ** (-2.20)	环境规制一次项	-1.542 (-1.59)	环境规制一次项	-4.002 *** (-4.09)
环境规制二次项	2.591 (1.39)	环境规制二次项	1.296 (0.75)	环境规制二次项	6.966 *** (3.69)
环境规制三次项	-1.147 (-1.45)	环境规制三次项	-0.448 (-0.59)	环境规制三次项	-3.830 *** (-3.70)
$us \leqslant 128.900$	-0.0139 ** (-2.20)	$us \leqslant 86.200$	0.0135 ** (2.03)	$us \leqslant 39.350$	-0.0350 *** (-3.43)
$128.90 < us \leqslant 172.110$	0.00473 (1.02)	$86.200 < us \leqslant 139.100$	0.0127 ** (2.35)	$39.350 < us \leqslant 131.410$	-0.0240 ** (-2.48)
$us > 172.110$	-0.00592 ** (-2.04)	$us > 139.100$	-0.0140 *** (-3.12)	$us > 131.410$	0.00924 (1.38)
C	3.884 *** (5.83)	C	0.686 (0.79)	C	3.890 *** (5.08)

注：***、**、*分别表示估计值在1%、5%、10%的水平上显著。

就中部地区的情况来看，从表5-6中模型（2）可以发现：①当城市人口规模位于第一区间时，估计系数为0.0135，且在5%的显著水平上，这表明在这一区间扩大城市规模能有效提升城市生态效率；②当人口规模跨越第一区间后，估计系数为 0.0127，亦在 5% 的显著水平上，这表明在这一区间继续扩大城市人口规模能有效提升城市生态效率；③当人口规模跨越第二门槛时，估计系数为 -0.0140，且在 1% 的显著水平上，这表明在这一区间扩张城市人口规模会抑制城市生态效率。上述结果表明，就中部地区而言，当城市人口小于 139.10 万人时，加速城市扩容，扩大城市人口规模，能显著提升城市生态效率。

就西部地区的情况来看，从表 5 - 6 中模型（3）可以发现：①当城市人口规模位于第一区间时，估计系数为 - 0.035，且在 1% 的显著水平上，这表明在这一区间城市规模与生态效率呈负相关；②当人口规模跨越第一区间后，估计系数为 - 0.0240，并在 5% 的水平上显著，这一结果说明该区间扩大城市规模也会抑制城市生态效率；③当城市人口规模跨越第二门槛时，估计系数为 0.00924，但统计上并不显著。上述结果表明，就西部地区而言，扩大城市人口规模并无法显著提升城市生态效率。

从以上结论可以发现，我国东部地区、西部地区继续扩大城市人口规模，并没有显著提升城市生态效率，但是有效扩大中部地区中小城市的人口规模，能够有效提升城市生态效率。2017 年末，我国中部地区的 99 个地级市中（不含合肥、巢湖），有 10 个城市的人口规模小于 139.10 万人，占比 10.1%。为此，积极发展中部地区的中小城市，能够有效提升我国的城市生态效率。

5.3 不同规模下人口密度对城市生态效率的影响

5.3.1 模型构建

首先，基于式（5 - 1），以人口规模为门槛变量，分析人口密度对城市生态效率的门槛效应，建立单一门槛模型：

$$uee_{it} = \delta_0 + \alpha_1 pd_{it} \cdot I(us_{it} \leqslant \gamma) + \alpha_2 pd_{it} \cdot I(us_{it} > \gamma) + \beta X_{it} + \varepsilon_{it} \qquad (5 - 4)$$

式（5-4）中，pd 为人口密度；γ 为未知门槛；$\varepsilon_{i,t}$ 为随机扰动项；$I(\cdot)$ 为指标函数。然后，再进一步构建多重门槛模型：

$$uee_{it} = \delta_0 + \alpha_1 pd_{it} \cdot I(us_{it} \leq \gamma_1) + \alpha_2 pd_{it} \cdot I(\gamma_1 < us_{it} \leq \gamma_2) + \cdots$$
$$+ \alpha_n pd_{it} \cdot I(us_{it} > \gamma_n) + \beta X_{it} + \varepsilon_{it} \quad (5-5)$$

最后，参照式（5-4）、式（5-5），分别构建东部、中部和西部地区城市人口规模对城市生态效率的单一门槛模型和多重门槛模型。

5.3.2 全国门槛效应结果分析

5.3.2.1 门槛的确认与检验

根据面板门槛模型的原理以及原假设，参照前面的做法，依次针对不存在门槛值、存在一个门槛值或多个门槛的原假设进行检验，得到 F 统计量，采用"自抽样法"得出的 P 值（结果见表5-7）。

表5-7 门槛效果检验

模型	F 值	P 值	临界值		
			1%	5%	10%
单一门槛	40.133***	0.000	15.418	9.436	7.226
双重门槛	17.658***	0.010	18.922	6.312	4.946
三重门槛	10.514*	0.100	24.174	15.493	9.408

注：（1）BS 次数借鉴王惠等（2016）的做法，采用反复抽样100次；（2）***、**、*分别表示估计值在1%、5%、10%的水平上显著。

从表5-7可以发现，单一门槛和双重门槛效应显著，相应的自抽样 P 值分别为0.000和0.010，分别在1%和5%的水平下显著；而三重门槛效应并不显著，自抽样 P 值为0.100。因此，下面将基于双重门槛模型进行分析。

然后，确定门槛的估计值以及构造门槛值的置信区间，判定门槛值的真实性。利用最小二乘的似然比统计量 LR 识别门槛值，图5-3、图5-4分别为两个门槛估计值的似然比函数。

两个门槛的估计值及相应的95% 置信区间见表5-8，结合图5-3、图5-4

可以看出，两个门槛估计值 γ_1、γ_2 的 95% 置信区间分别为 ［39.160，39.920］ 和 ［65.810，202.370］，LR 值均小于 5% 显著水平下的临界值 7.35（对应图 5-3 和图 5-4 中的虚线）的 γ 构成的区间。

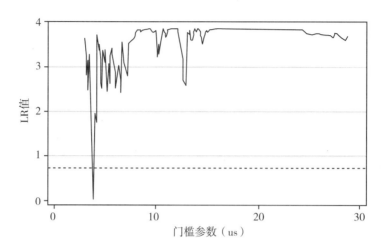

图 5-3　第一门槛值估计值与置信区间

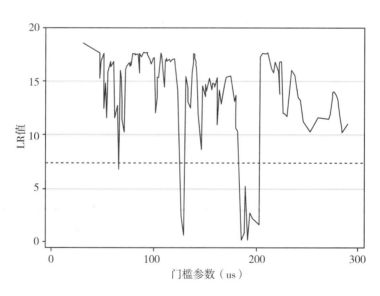

图 5-4　第二门槛值估计值与置信区间

表 5-8	门槛值估计结果	
检验	估计值	95% 的置信区间
门槛值 γ_1	39.590	［39.160，39.920］
门槛值 γ_2	191.400	［65.810，202.370］

上述结果表明，城市人口规模对城市生态效率的影响呈非线性关系，依据这两个门槛值将我国各地级市分为较小人口规模城市（$us \leqslant 39.590$）、中等人口规模城市（$39.590 < us \leqslant 191.400$）和较大规模人口城市（$us > 191.400$）三个区间。

5.3.2.2 门槛模型的回归结果

基于固定效应对双重门槛模型的参加进行估计，结果见表5-9。

表5-9 门槛模型的参数估计结果

城市生态效率	系数估计值	标准差	t值
产业集聚	0.305 ***	5.95	0.000
产业集聚二次项	-0.00549 ***	-5.44	0.000
产业专业化	2.438 **	2.45	0.015
基础设施状况	0.0105	0.64	0.520
环境规制一次项	-2.236 ***	-3.85	0.000
环境规制二次项	2.636 **	2.49	0.013
环境规制三次项	-1.179 **	-2.41	0.017
人口密度（$us \leqslant 39.590$）	-0.869 ***	-4.13	0.000
人口密度（$39.590 < us \leqslant 191.400$）	0.138	1.40	0.164
人口密度（$us > 191.400$）	0.470 ***	2.64	0.009
C	2.286 ***	5.73	0.000

注：***、**、*分别表示估计值在1%、5%、10%的水平上显著。

从表5-9的估计结果来看，产业集聚、产业专业化、城市基础设施环境规制等因素与第4章的估计结果基本一致。从人口密度来看，以人口规模为门槛，从表中可以发现：①门槛效应的估计结果显示，三个区间的人口规模对城市生态效率均有显著影响，从估计系数看，人口规模对城市生态效率影响存在U形关系；②当城市的人口规模位于第一区间时，估计系数为-0.869，且在1%的显著水平上，这表明在这一区间城市生态效率是递减的；③当城市的人口规模位于第一区间时，估计系数为0.138，但统计上并不显著；④当人口规模跨越第二门槛时，估计系数为 0.470，并在 1% 的水平上显著，这一结果说明该区间的生态效率明显提升，这也进一步说明不同人口规模背景下，人口密度对城市生态效率的影响并非单调递增（减），而是存在异质性。

人口密度与城市生态效率之间存在非线性关系，人口规模处于第一和第二区间时，城市生态效率处于递减状态，但是第二区间的递减趋势已经明显变化，不再显著，而且统计上还为正。导致这一结果的原因可能是：一方面，城市人口太小不足以产生集聚效应；另一方面，小城市的人口密度增加，会加剧能源消耗、工业企业污染排放物和增加汽车尾气等。

当人口规模跨越第二个门槛值，人口密度对城市生态效率起明显的正向作用。导致这一结果的原因可能是人口规模扩大，一方面是大城市的人口密度增加能带来聚集经济效益，进而提升城市经济效益；另一方面也可能是随着城市规模扩大，城市环保投入的增加、绿化覆盖的提升以及技术进步的加快，显著改善了环境的控制和治理能力，人口的集聚效应提高了资源的利用效率。

上述结论表明，总体而言，积极扩大城市人口规模，能够有效提升城市生态。截至 2017 年末，我国 280 个地级市中，仅有 20 个城市年末市辖区人口规模小于 39.59 万人，且有 58 个城市的人口规模超过了 191.4 万人。为此，优化土地城镇化发展模式，积极推进人为中心的城镇化，提高大中城市的人口集聚程度，有助于提升城市生态效率。

5.3.3　区域门槛效应的对比分析

5.3.3.1　门槛检验

我国各个区域的资源禀赋和环境承载力存在较大差异，为了进一步分析不同人口规模下人口密度对城市生态效率的影响，下面采用前面的方法分别就东部地区、中部地区和西部地区的不同人口规模下人口密度对城市生态效率影响的门槛模型进行估计。表 5－10 和表 5－11 分别报告了门槛效果检验和门槛值的估计结果。

表 5－10 门槛效果检验

区域	模型	F 值	P 值	临界值		
				1%	5%	10%
东部	单一门槛	45.323***	0.000	30.583	11.368	7.745
	双重门槛	7.455*	0.090	22.822	13.291	5.796
	三重门槛	4.398	0.210	24.728	12.000	8.188
中部	单一门槛	25.778***	0.010	24.229	11.300	8.944
	双重门槛	27.267***	0.000	14.330	8.588	6.651
	三重门槛	6.517*	0.090	14.882	7.708	6.222
西部	单一门槛	23.575**	0.030	24.693	8.944	5.321
	双重门槛	23.377**	0.020	23.978	8.202	6.649
	三重门槛	5.312	0.130	20.148	8.720	6.117

注：（1）BS 次数借鉴王惠等（2016）的做法，采用反复抽样 100 次；（2）***、**、*分别表示估计值在 1%、5%、10% 的水平上显著。

表 5－11 门槛值估计结果

区域	检验	估计值	95% 的置信区间
东部	门槛值 γ_1	68.300	[56.140，230.900]
	门槛值 γ_2	128.900	[128.900，128.900]
中部	门槛值 γ_1	71.600	[69.800，71.780]
	门槛值 γ_2	139.100	[131.130，139.320]
西部	门槛值 γ_1	39.350	[38.110，40.290]
	门槛值 γ_2	102.890	[100.990，104.400]

从表 5－10 可以发现：①就东部地区而言，单一门槛和双重门槛效果的效果显著，相应的自抽样 P 值分别为 0.000 和 0.090，分别在 1% 和 10% 显著性水平下显著；而三重门槛效果并不显著，自抽样 P 值为 0.210；②就中部地区而言，单一门槛和双重门槛效果的效果显著，相应的自抽样 P 值分别为 0.010 和 0.000，均在 1% 显著性水平下显著，三重门槛的自抽样 P 值为 0.090；③就西部地区而言，单一门槛和双重门槛效果的效果显著，相应的自抽样 P 值分别为 0.000 和 0.010，均在 1% 显著性水平下显著，三重门槛的自抽样 P 值为 0.130。为此，下面就双重门槛进行分析。

表 5－11 的结果显示，不论是东部地区、中部地区还是西部地区，不同人口

规模下人口密度对城市生态效率影响的两个门槛值 γ_1、γ_2 的 LR 值均小于 5% 显著水平下的临界值。

5.3.3.2　门槛模型的估计与讨论

基于固定效应分别对东部地区、中部地区和西部地区的不同人口规模下人口密度双重门槛模型的参数进行估价，结果见表 5 – 12。

表 5 – 12　　　　　　　　　　门槛模型的参数估计结果

东部地区	城市规模门槛效应（1）	中部地区	城市规模门槛效应（2）	西部地区	城市规模门槛效应（3）
产业集聚	0.165 *** (2.97)	产业集聚	0.461 ** (2.62)	产业集聚	0.412 ** (2.15)
产业集聚二次项	– 0.00337 *** （– 2.91）	产业集聚二次项	– 0.00838 （– 0.47）	产业集聚二次项	– 0.00345 （– 0.16）
产业专业化	0.897 (1.08)	产业专业化	2.573 (1.52)	产业专业化	2.644 (1.47)
基础设施状况	– 0.0108 （– 0.92）	基础设施状况	0.00198 (0.14)	基础设施状况	0.00567 (0.41)
环境规制一次项	– 2.375 ** （– 2.36）	环境规制一次项	– 1.827 * （– 1.96）	环境规制一次项	– 1.621 （– 1.65）
环境规制二次项	2.750 (1.55)	环境规制二次项	1.825 (1.11)	环境规制二次项	1.344 (0.79)
环境规制三次项	– 1.228 * （– 1.74）	环境规制三次项	– 0.628 （– 0.87）	环境规制三次项	– 0.406 （– 0.55）
人口密度 （$us \leq 68.300$）	0.406 (1.00)	人口密度 （$us < 71.600$）	– 1.010 *** （– 2.84）	人口密度 $us \leq 39.350$	– 0.295 （– 0.53）
人口密度 （$68.300 < us \leq 128.900$）	– 0.113 （– 0.47）	人口密度 （$71.600 < us \leq 139.100$）	0.611 ** (2.22)	人口密度 （$39.350 < us \leq 102.890$）	0.0300 (0.13)
人口密度 （$us > 128.900$）	0.987 *** (3.70)	人口密度 （$us > 139.100$）	– 0.729 *** （– 2.84）	人口密度 （$us > 102.890$）	0.0121 (0.07)
C	2.888 *** (6.77)	C	1.672 ** (2.28)	C	1.721 ** (2.19)

注：***、**、* 分别表示估计值在 1%、5%、10% 的水平上显著。

从表 5 - 12 门槛效应的估计结果来看，不同区域不同人口规模下人口密度对城市生态效率的影响存在明显差异：

首先，就东部地区而言，从表中模型（1）可以发现：当城市人口规模位于第一区间时，估计系数为 0.406，但统计上不显著；当人口规模跨越第一区间后，估计系数为 - 0.113，统计上也不显著；当城市人口规模跨越第二门槛时，估计系数为 0.987，并在 1% 的水平上显著，这一结果说明该区间提高人口密度可以显著提升城市生态效率。上述结果表明，就东部地区而言，较大规模城市（人口规模超过 128.90 万人）提高人口密度，能有效提升城市生态效率。

就中部地区而言，从表中模型（2）可以发现：当城市人口规模位于第一区间时，估计系数为 - 1.010，且在 1% 的显著水平上，这表明在这一区间提高人口密度会抑制城市生态效率；当人口规模跨越第一区间后，估计系数为 0.611，并在 5% 的显著水平上，这表明在这一区间提高人口密度能有效促进城市生态效率提升；当人口规模跨越第二门槛时，估计系数为 - 0.729，且在 1% 的显著水平上，这表明在这一区间加大人口密度会抑制城市生态效率。上述结果表明，就中部地区而言，不同城市规模下，提高人口密度对城市生态效率的影响呈 N 形关系。

然后，就西部地区而言，从表中模型（3）可以发现：当城市人口规模位于第一区间时，估计系数为 - 0.295，但统计上不显著；当人口规模跨越第一区间后，估计系数为正，但统计上均不显著。上述结果表明，就西部地区而言，人口密度对城市生态效率无显著影响。

以上结论可以发现，提高东部地区大城市的人口密度，中部地区中等城市人口密度，能显著提升城市生态效率，但西部地区人口密度与城市生态效率之间无显著关系。

5.4　本章小结

本章以地级市为切入点，考察了城市人口聚集对城市生态效率的影响。首先分析人口规模对城市生态效率的门槛效应，然后进一步探讨了不同人口规模下人口密度对生态效率的影响。研究发现：

第一，从全国情况来看，城市人口规模与生态效率之间存在显著的双重门槛。基于生态效率视角，可以将城市分为三类，较小人口规模城市（$us \leqslant 39.590$）、中等人口规模城市（$39.590 < us \leqslant 128.900$）和较大规模人口城市（$us > 128.900$）。实证结果显示，城市人口规模超过 128.90 万人以后，城市生态效率显著提升。

第二，基于东中西部区域来讲，各区域内部城市人口规模与生态效率之间也存在显著的双重门槛。从人口规模与城市生态效率的角度看，东部地区、中部地区和西部地区的双重门槛值存在明显差异：①就东部地区而言，较小规模城市为 $us \leqslant 128.900$，中等规模城市为 $128.90 < us \leqslant 172.110$，较大规模城市为 $us > 172.110$；②就中部地区而言，较小规模城市为 $us \leqslant 86.200$，中等规模城市为 $86.200 < us \leqslant 139.100$，较大规模城市为 $us > 139.100$；③就西部地区而言，由于承载力受限，中小规模城市的标准有所不同，较小规模城市为 $us \leqslant 39.590$，中等规模城市为 $39.590 < us \leqslant 131.410$，较大规模城市为 $us > 131.410$。实证结果表明，继续扩大我国东部地区、西部地区城市人口规模，并无法显著提升城市生态效率，但是有效扩大中部地区中小城市的人口规模，能够有效提升城市生态效率。

第三，从 280 个地级市的全部样本来看，不同人口规模下人口密度与生态效率之间存在显著关系。基于不同人口规模下人口密度与生态效率视角，地级市可分为较小人口规模城市（$us \leqslant 39.590$）、中等人口规模城市（$39.590 < us \leqslant 191.400$）和较大规模人口城市（$us > 191.400$）。实证结果发现，人口规模小于39.59 万时，人口密度与生态效率之间呈显著负相关；人口规模大于 191.4 万时，人口密度与生态效率之间呈显著正相关。

第四，从不同区域来看，不同人口规模下人口密度与生态效率之间的门槛效应存在显著的异质性。研究发现，提高东部地区大城市的人口密度，中部地区中等城市人口密度，能显著提升城市生态效率，但西部地区人口密度与城市生态效率之间无显著关系。

根据上述研究结果，人口集聚对城市生态效率存在显著的影响关系，但这种影响关系随着人口规模、人口密度的变化而变化，两者之间呈非线性关系。

基于中国城市发展的现实，结合本书研究结论，就促进我国城市发展、提升城市生态效率提出以下几点建议：

第一，积极发展中小城市。我国正处于城市快速发展阶段，但是发展的要素大都集聚在特大城市、大城市，这种发展模式正给我国城市发展带来土地利用、区域平衡、环境资源等问题。研究发现，中小城市的生态效率明显低于城市，为此，加快大中小城市协调发展，依托城市群培育新的经济增长极是推进新型城镇化和促进区域协调发展的重要支撑。

第二，优先扩容中部城市。就中部地区而言，特大城市、大城市与东部地区相比，差距正在拉近，但中小城市的差距明显。中部地区的城市密度不高，但不论是行政区域视角，还是带动辐射层面，中部的崛起都必须有一批带动力强的中等城市来支撑。高度重视和认真研究中部地区中等城市的发展问题，选择一批基础较好、区域辐射带动力较强的中等城市予以重点支持，培育和加快建设省域副中心城市和区域性中心城市，使之迅速成长为实力比较强大的大城市，成为区域经济发展的重要增长极。就中部地区扩容中等城市而言：一方面，需要深化土地制度、户籍制度改革，解决农民进城问题，给中小城市发展带来潜力和动力；另一方面，建立财税扶持政策、健全长效投入机制，有效促进产城融合，积极改善城市建设融资渠道，给中小城市发展带来活力和实力。

第三，优化城市人口密度。一方面，实施功能区定位战略，实现区域功能定位与人口分布相协调发展，有效提高大城市的人口密度，合理布局中小城市人口密度；另一方面，合理配置要素空间布局，加快城镇一体化发展战略，实现人口合理分布，促进人口空间优化以产业升级转型带动人口合理分布。

第四，细分城市规模等级。一是科学制定人口统计范围，综合考虑产业结构、产业布局、城市服务功能等，优化人口统计口径；二是综合考虑资源环境禀赋，产业布局和功能定位，细化区域城市规模等级标准；三是调整设市标准，综合考虑区域特征和资源禀赋，细分设市标准。

第6章
空间溢出与城市生态效应

前文讨论了产业集聚、人口集聚对城市生态效率的影响，研究的隐含假设是城市生态效率的变化不存在外部性。然而，这种隐含假设却受到了地理学第一定律的挑战。托布勒（Tobler，1970）曾指出，任何动关系与别的东西之间都是相关的，但近处的事物相关性关系比远处的事物更强，即地理学第一定律。该定律认为，地理事物在空间分布上会互为相关，相关属性也分为集聚（clustering）、随机（random）或规则（regularity）等多种形式。本章进一步以地级市为例，针对城市之间存在外部性的情况探讨城市生态效率的空间集聚与空间溢出效应。

6.1　空间自相关的内涵与测度

空间自相关（spatial autocorrelation）是用于度量地理数据的一个统计量：某位置上的数据与其他位置上的数据间的相互依赖程度，或者是空间单元属性值集聚程度的表征。通常把这种依赖叫作空间依赖。地理数据由于受空间相互作用和空间扩散的影响，彼此之间可能不再相互独立，而是相互关联的。例如，虽然很多市场在空间上是分离的，但由于市场与市场之间存在着商品交换与流动，则商品的价格与供应在空间上可能是相关的，而不再相互独立。实际上，市场间距离越近，商品价格就越接近、越相关。

对于空间自相关的计算方法有很多种，常用的有 Moran's I、Geary's C、Getis、Join count 等。这些方法有其不同的适用范畴和限制，也有各自的优劣。根据其功能和适用范围，大致可分类两类。一类为全局型（global spatial autocorrelation），另一类为区域型（local spatial autocorrelation）两种。全局型主要包括全局 Moran's I，全局 Geary's C 和全局 Getics-Ord G 三种，均是通过比较临近空间位置观察值的相似程度来测量全局空间自相关程度。但是由于全局 Geary's C 的数学期望不受空间权重、观察值和样本影响，恒为 1，因此全局 Moran's I 比全局 Geary's C 应用更广泛。而区域型空间自相关统计量主要包括 LISA。LISA 统计量的构建需要满足两个条件：①所有局部空间自相关统计量之和应该等于响应的全局空间自相关统计量；②能够指示每个空间位置的观察值是否与其临近位置的观察值具有相关性。区域性空间自相关的意义在于：①全局相关性不存在时，能够用来分析是否存在潜在的局部空间自相关的位置；②存在全局自相关时，探讨是否存在空间异质性；③确定空间异常值或强影响点；④寻找可能存在的与全局空间自相关的结论不一致的局部空间自相关的位置，如全局空间自相关分析结论为正向的全局空间自相关，分析是否存在少量的就不空间自相关的空间位置。通过显著性图和聚集点图能够将局部空间自相关的分析结果清楚显示出来。

鉴于全局 Moran's I 指数所具有的特点和适用范围，本书使用全局 Moran's I 指数以反映不同地级市的生态效率关联，Moran's I 指数的计算公式为：

$$I = \frac{\sum\limits_{i=1}^{n} \sum\limits_{j\neq 1}^{n} W_{ij}(x_i - \bar{x})(x_j - \bar{x})}{\sigma^2 \sum\limits_{i=1}^{n} \sum\limits_{j\neq 1}^{n} W_{ij}} \tag{6-1}$$

其中，x_i 为城市 i 的观测值；n 为观测值个数；且 $\bar{x} = \frac{1}{n}\sum\limits_{i=1}^{n} x_i, \sigma^2 = \frac{1}{n}\sum\limits_{i=1}^{n}$ $(x_i - \bar{x})^2$。空间权重矩阵的生成方式分为多种，如二元邻接矩阵、经济距离矩阵、产业关联矩阵等，考虑污染物的扩散模式多为临界扩散，故本书在空间格局分析中同时考虑邻接矩阵与距离权重矩阵，在实证检验中则采用二元邻接矩阵计算空间权重 W_{ij}。为衡量空间相关性，构造如式（6-2）所示的 Z 检验统计量，其中，$E(I)$ 为式（6-2）中 Moran's I 指数的期望值，$Var(I)$ 为方差：

$$Z = \frac{1 - E(I)}{\sqrt{Var(I)}} \tag{6-2}$$

式（6-2）中的 Z 统计量能够用于判断地级市生态效率的空间相关性：如果 I 显著为正，则表明存在正向空间相关性，即生态效率较高的区域相互集聚，生态效率较低的区域在空间上也呈现相互集聚的特点。然而在全局自相关假定中，所有区域的空间是同质的，全局 Moran's I 指数无法反映生态效率的局部集聚特征，因此进一步进行局部空间自相关分析就显得很有必要。为研究每个城市与相邻城市之间的控件关联程度，构建局部 Moran's I 指数为式（6-3）：

$$I_i = Z_i \sum_{i \neq j}^{n} W_{ij} Z_j \qquad (6-3)$$

在式（6-3）中，I_i 代表编号为 i 的城市的局部 Moran's I 指数值；Z_i 是编号为 i 的城市生态效率值，对 Z 取标准化处理；W_{ij} 为空间权重矩阵。本书根据生态环境的影响因素，使用邻接法构建局部 Moran's I 指数的空间权重矩阵。局部 Moran's I 指数的负号代表要素在空间上的分布情况，以邻接矩阵为例，若 I_i 为正，则表示具有相似类型属性值的要素空间邻近，若 I_i 为负，则表示具有相异属性的空间要素临近。且 I_i 的绝对值越大，代表空间要素的临近程度越高。利用局部 Moran's I 指数进行空间自相关判断，可以较为准确地识别城市单元在相邻区域中的空间自相关特征。依据不同地级市的生态效率差异，将其空间集聚类型分为高效率—高效率（H-H）集聚、高效率—低效率（H-L）集聚、低效率—高效率（L-H）集聚和低效率—低效率（L-L）集聚四种类型。

6.2　研究方法与数据处理

很多学者针对城市生态与环境之间的互动关系进行了研究。张可和汪东芳（2014）运用空间联立方程模型考察了经济集聚与环境污染的空间溢出和相互作用机制。从生产投入端和产出末端视角，将环境污染拓展到生产密度理论模型中，构建了经济集聚与环境污染的交互影响理论模型。结果表明：经济集聚和环境污染之间存在双向作用机制，经济集聚加重了环境污染，环境污染对经济集聚存在反向抑制作用，且两者间的影响机制均与劳动生产率密切相关。经济集聚可以提高劳动生产率，环境污染对劳动生产率产生负面影响。经济集聚和环境污染均存在明显的空间溢出效应，城市的经济集聚和环境污染与周边地区密切相关，且相邻城市间的经济集聚和环境污染存在交叉影响，城市间的经济发展和环境质量具有"一荣俱荣，一损俱损"的特征。何文举（2017）通过构建空间联立方程，对 2003～2013 年我国 285 个地级市的城市空间集聚密度与空间交互溢出效应进行了检验，发现中国的经济增长出现了一定空间联动发展模式，空间的集聚力量呈现显著外溢，但是地区之间在经济规模与环境污染之间仍然存在明显的"逐底竞争"态势。沈能（2014）利用我国 284 个地级市 2003～2010 年的数据，在测算出节能减排约束下的工业效率（环境效率）基础上，检验了我国工业集聚与环境效率之间的空间效应，考察我国工业集聚外部性对环境效率的非线性影响及渠道。研究表明：不考虑能源与排放的中国城市工业平均技术效率明显高于考虑能源与排放的影响下的工业环境效率。在不同工业集聚度下，集聚的规模负外部性（污染效应）、马歇尔外部性和雅各布斯外部性（自净效应）的均衡比较结果，引致了工业集聚和环境效率在维度上的 U 形轨迹关系。李凯峰和王捷（2017）基于 2007～2014 年中国省域面板数据，构建空间面板数据模型实证分析了金融集聚、产业结构对不同环境污染物的差异影响，并讨论了技术进步、环境治理投资、对外开放度、经济增长水平对环境污染的影响。结果表明，三种污染物存在明显的空间自相关；银行业集聚和证券业集聚对环境污染没有显著影响，保险业集聚对于不同环境污染物具有差异影响；第二产业发展和调整促进了二氧化硫排放的增加、工业废水和工业粉尘的减少；不同控制变量对不同环境污染物具有差异影响。因此，环境治理需要考虑区域间的协同效应，加大银行业和证券业环保投资支持力度，加快经济增长方式转变，改善引进外资结构和环境治理投资结构，重点推进控制工业粉尘排放的技术创新。

为了对地级市生态效率的空间特征进行描述，首先应建立全局 Moran's I 指数和局部 Moran's I 指数，进行空间自相关分析。然后对指标选取和数据处理进行描述。

指标选取与数据处理。基于可比性和系统性原则，本书选取数据来自 2003～2017 年 280 个地级市进行研究，数据主要来源于历年《中国城市统计年鉴》《中国城市建设统计年鉴》以及相关年份的各市（区）统计年鉴。

本书选取以下变量进行实证研究：

生态效率（uee）变量使用 SBM 方法计算得到，详见第 3 章。

产业结构（str）用第三产业产值占 GDP 的比重表示。GDP 能较好地反映我国各地区的经济总量，经济规模的扩大能够减轻产业结构调整给实体经济带来的冲击，为产业结构优化提供了更加有利的经济基础和社会生存环境。

固定资产投资（inv）会对城市生态效益产生重要影响，选用全社会固定资

产投资额表示。固定资产投资是建造和购置固定资产的经济活动，即固定资产
再生产活动。固定资产投资额是以货币表现的建造和购置固定资产活动的工
作量，它是反映固定资产投资规模、速度、比例关系和使用方向的综合性
指标。

个人收入（gdp）以人均GDP表示。首先以2003年为基期，利用消费者价
格指数进行平减，得到2003~2017年实际GDP，然后以实际GDP与年末常住人
口的比值代表人均GDP。

经济开放度（fdi）用外商直接投资占GDP的比重来表示，外商直接投资数
据采用当年平均汇率换算成人民币。FDI的流入能够带来很强的技术溢出效应，
但是也有学者指出"污染天堂"假说可能存在，即污染企业会倾向于在环境标
准相对比较低的国家建立，导致环境污染加剧。因此，二者的关系是促进还是
抑制存在不确定性。

政府支出（gov）使用政府公共财政支出数据代表。政府公共财政支出是城
市公共建设的重要组成部分，依据使用方向的不同，可能会对环境产生正向或
负向的影响，是评价城市生态效率不可忽略的一部分。对于部分缺失的数据，
采用插值法补全。

6.3　城市生态效率的空间格局分析

为了更清晰地说明我国地级市的生态效率演变情况，首先从全国层面对我
国地级市的空间关联特征进行分析，明确生态效率的空间分异特征；进而使用
空间分析法对我国生态效率的空间格局进行研究。为检验我国地级市生态效率
的空间关联效应，本书以中国280个地级市的shp地图文件为基础，使用Arcgis
地图分析软件分别加入2003~2017年的生态效率值，得到我国地级市生态效率
的分布数据。

6.3.1　生态效率的全局关联格局

6.3.1.1　计算方法

（1）二元邻接矩阵法

最初对空间依赖性或空间自相关的测度，是基于空间单元间的二进制邻接性思想进行的（Moran，1947），邻接性由 0 和 1 两个值表达。如果两个空间单元有非零长度的公共边界，则可以认为二者是相邻，对应的二进制连接矩阵的元素赋值为 1。此时空间权重矩阵也叫作二进制连接矩阵（binary contiguity matrix）。元素矩阵定义形式如下：

$$W_{ij} = \begin{cases} 1 & i \text{ 与 } j \text{ 相邻} \\ 0 & i = j \text{ 或 } i \text{ 与 } j \text{ 不相邻} \end{cases} \tag{6-4}$$

其中，i，$j \in [1, n]$，i，j 均为空间单元编号；n 为空间矩阵中的单元个数。

二进制的邻接性认为，只有相邻的空间单元之间才有空间交互，这限定了空间模型中的空间单元之间交互程度。而实际上，一个相同的连接矩阵可以代表许多不同的空间单元的分布方式。因此，许多空间分析学家对空间权重矩阵作了进一步研究。

（2）距离函数矩阵

与二元邻接矩阵不同，阈值地理距离矩阵通过人为设定的距离将并不邻接的空间单元也纳入考量空间依赖关系的框架中，突破了邻接区域的束缚。早期，学者多采用欧式距离（euclidean distance）或曼哈顿距离（manhattan distance）来计算空间单元间的地理距离。但这种简单的二元思想还不足以描述复杂的经济地理关系。由此，产生了基于地理距离函数的空间权重矩阵（Getis，2009）。一些学者建议采用与所研究的特定现象有更直接关系的权值。然而，空间权重矩阵的设定方法繁多，但大多是在邻接关系和距离函数这两者的基础上构造的。无论是简单的二元矩阵还是复杂的函数矩阵，其设定的初衷都是尽可能真实、全面地刻画空间依赖关系。

在实际研究中，研究者常使用邻接矩阵和距离矩阵、地理距离矩阵和经济距离矩阵等多种设定方法。例如大多数的区域科学应用会依据距离关系和相邻关系生成空间权重矩阵，距离的远近通过经纬度计算或道路长度测算得到。而大多数社会学的空间分析应用则基于社会网络理论的概念确定，即通过描绘不同单元的社会网络连接远近情形，进而计算得到空间权重矩阵。

6.3.1.2 全局 Moran's I 指数

本书分别采用邻接矩阵法和距离权重矩阵法得到空间 Moran's I 指数，从区域和时间角度分析生态效率的空间分异特征。首先，分别利用邻接矩阵和距离权重矩阵法，得到 2003～2017 年我国地级市的空间自相关 Moran's I，指数见表 6-1。

表 6-1 　　2003～2017 年我国地级市生态效率 Moran's I 指数

年份	邻接矩阵	距离权重矩阵
2003	0.2565	0.1699
2004	0.2500	0.1654
2005	0.2395	0.1770
2006	0.2098	0.1835
2007	0.2264	0.1983
2008	0.2893	0.1917
2009	0.3714	0.1628
2010	0.2512	0.1764
2011	0.2649	0.1534
2012	0.2815	0.1868
2013	0.3750	0.2666
2014	0.3781	0.2699
2015	0.3521	0.2434
2016	0.3756	0.2711
2017	0.3831	0.2821

注：距离权重矩阵法的权重值由门槛距离（threshold distance）生成。

利用 GeoDa 软件对我国 280 个地级市 2003～2017 年城市生态效率的样本数据进行空间自相关检验，求得历年的 Moran's I 数值。从表 6-1 可以看出，我国2003～2017 年各地级市的生态效率都表现出较强的空间自相关性。且无论是二元邻接矩阵的分析结果，还是距离权重矩阵的分析结果，城市生态效率的自相关特点明显分为三个阶段：第一阶段为 2003～2008 年，在此阶段内，Moran's I 指数整体呈现出上升趋势，说明空间自相关性逐渐增强；第二阶段为 2009～2013 年，在此阶段内，我国地级市 Moran's I 指数先大幅下降，随后又稳步提升；第三阶段为 2014～2017 年，在此阶段内，Moran's I 指数小幅下降之后呈稳步上升趋势。说明生态效率相关性经历了从减弱到增强的过程。从整体上看，我国地级市的生态效率 Moran's I 指数呈现出 W 形。

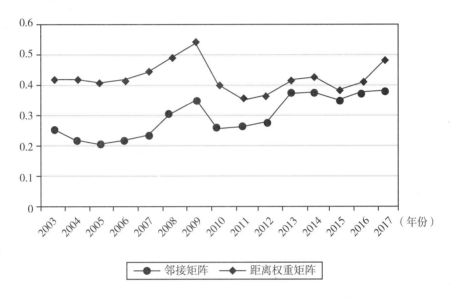

图 6－1　2003～2017 年 Moran's I 指数变化情况

以上分析说明在样本期各地级市的生态效率值都呈现出一种集群的趋势，其深层含义为，环境污染物排放相对较高（低）的地级市倾向于与其他环境污染物排放相对较高（低）的地级市相邻近。因此，本书认为，在对研究城市规模、产业结构等因素对城市生态效率的影响效应时，不能忽略空间因素的影响。

6.3.2　生态效率的局部关联格局

上文证实了我国地级市生态效率的空间关联性，进一步利用 Geoda 计算得到 Moran 散点图，以对我国城市生态效率的局部空间异质性特征进行描述。根据不同地级市生态单元的自相关性，以相邻地区的集聚类型，将我国城市的生态效率集聚特征分为以下四类：

①H-H 集聚区域，在这类区域中，地级市自身和周边城市单元均呈现出较高的生态效率值，集聚区域内的空间差异程度较小；②H-L 集聚区域，此类区域中地级市自身生态效率较高，但周边城市生态效率值较低，两者呈现较大的空间差异；③L-H 集聚区域，地级市自身生态效率低，然而周边城市的生态效率均高于本地区，此类区域中生态效率空间差异程度较大；④L-L 集聚区域，城市自身和周边地级市的生态效率均呈现出低效状态，生态效率的空间差异程度虽然较小，但表现为低效与低效的集聚。

（1）H-H 集聚区域

2008 年之前，H-H 集聚区明显集中于东南沿海和东北地区，我国中西部仅有宁夏地区出现微弱的 H-H 型集聚特征，而西部地区则未出现此类特征。2003～2008 年，我国城市生态效率的 H-H 型集聚态势初步出现了变化，变化区域主要集中在东北地区和宁夏地区。可以看出，在此阶段内 H-H 集聚态势非常明显。东北（辽宁省）的正向集聚效应出现了明显减弱，与此同时宁夏的正向集聚效应则明显增强，表现为 H-H 集聚城市数量的显著增加。而东南沿海城市的生态效率集聚态势基本保持不变。2008～2013 年，我国 H-H 集聚区域面积整体增加。首先是宁夏地区和东南沿海的正向集聚效应显著增强，表现为 H-H 型集聚城市的数量继续上升，浙江、福建等省份地级市的生态效应明显改善，呈现出了显著的正向集聚效应，宁夏、甘肃等省份地级市的生态效应也表现出了同样特征。

（2）H-L 集聚区域

我国地级市很少呈现出 H-L 型的集聚现象。由图 6－2，在 Moran 散点图中，我国城市的空间集聚分布大多位于 x 轴上方，而显著表现出 H-L 型态势的地级市仅分布在我国中部和西部。由散点图可知，2008 年以前，我国仅在西南部的城市出现了 H-L 型集聚，如广西的南宁地区。2008 年之后，H-L 型集聚区域有所扩大，出现范围主要分布于我国中西部地区。西南部的 H-L 型集聚特点进一步明显，除南宁地区继续保持了高—低集聚的特点之外，云南省临沧、保山、德宏傣族景颇族自治州等地也出现了相同的集聚特征；我国东北地区的 H-L 型集聚现象也开始显现，如赤峰等城市；西北地区则出现在甘肃省的张掖等地。H-L 型集聚的呈现说明该地区周围的城市生态效率显著低于本地，其背后的深层含义为，城市单元自身生态效率的上升或周边城市单元生态效率的下降。

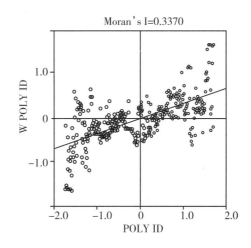

图 6 – 2　2005 年 Moran's I 散点图

（3）L-H 集聚区域

L-H 型集聚区域主要分布在中部地区和东部地区，多于 H-H 型区域相邻。2008 年以前，L-H 型集聚区域集中在我国的东南沿海以及东北部分地区，如福建省与广东省的沿海地区，在东北为伊春、哈尔滨以及长春等地。2004～2008 年，L-H 型集聚区域在中部地区进一步扩大，主要集中在西安省的榆林、宝鸡以及咸阳等地，这代表着随着周边城市生态效率的提高，以上城市的生态效率不仅没有得到同步提升，反而相对下降。2008～2013 年，我国东南沿海的 L-H 型集聚城市明显减少，然而，东北地区的 L-H 型集聚城市反而增加，说明上述地区的城市生态效率提升较慢，或显著下降。

（4）L-L 集聚区域

从整体上看，我国地级市生态效率分布呈现出 L-L 集聚形态的省份及城市主要位于中西部。根据不同的时间段，可以得到以下结论：2003～2008 年，新疆的阿克苏地区、伊犁地区，西藏的林芝与拉萨等城市长期表现出 L-L 型集聚特征。2008～2013 年，低生态效率城市的集聚情形并未出现明显位置变化，其主要变动形式为集聚区域扩大，如新疆的喀什地区变为低效集聚。截至 2014～2017 年，我国西部的低效集聚形态出现东移特征，西藏、新疆、云南与宁夏等省份表现为 L-L 集聚区域，其中的宁夏、云南转变为低效－低效集聚，西宁、丽江等城市开始呈现 L-L 集聚特点。由图 6－3，随着时间推移，我国地级市的空间集聚特征进一步明显，两极分化特点鲜明，即大量城市 H-H 型集聚的同时，也有大量城市 L-L 型集聚。

从以上分析可以看出，我国东部地区的空间关联效应非常明显。而且呈现出较高的空间相关性，表现为生态效率较高的地级市多以集聚形式出现，且随着时间推移，集聚形态越来越明显，H-H 型集聚区域与 L-L 型集聚区域的增多说明生态效率的具有显著的空间溢出效应，为了准确衡量这一效应，继续进行空间计量检验。

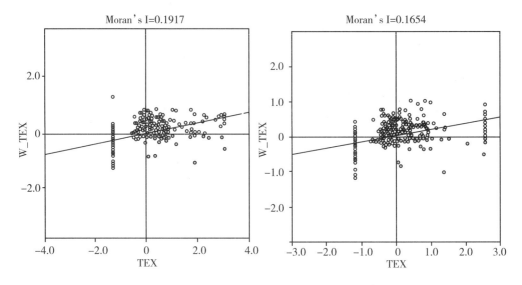

图 6 - 3　2004 年、2008 年 Moran's I 散点图

6.4　城市生态效率的空间溢出效应

根据空间地理学第一定律（tobler's first law of geography），地理事物或属性在空间分布上互为相关，存在集聚、随机、规则分布（Anselin，2004）。综合前文分析，我国城市生态效率的空间相关性不容忽视，因此，需要进一步设定空间计量模型，并根据空间溢出效应对地级市的生态效率进行实证研究。

6.4.1　模型设定

空间计量经济学（spatial econometrics）是在 20 世纪 70～80 年代出现的一个

计量经济学的分支学科。Anselin（1988）给出了空间计量模型的基本定义是计量经济学模型中考虑经济变量的空间效应，并进行一系列的模型设定、估计、检验以及预测的计量经济学模型方法。而空间依赖性打破了大多数传统经典国际学说和计量经济学中相互依赖的基本假设，是对传统方法的继承和发展。

相比于标准的计量模型，空间计量模型的突出特点是引入了空间滞后（Anselin，1988）。空间滞后可以是因变量、自变量和误差项的滞后，包含固定效应、随机效应的空间滞后，还可以是固定系数和随机系数情形下的空间滞后。空间滞后的不同组合构造了空间计量模型体系。空间计量模型的基本架构是针对截面数据而言的。按照从一般到特殊的方式，空间计量模型的基本架构分为：Manski 模型、Kelejian-Prucha 模型、Durbin 模型、空间 Durbin 误差模型、空间滞后模型、空间误差模型等（Elhorst，2010）。

本书采用固定效应和随机效应的空间计量模型，固定效应模型把个体效应作为截距项来看待，随机效应把个体效应作为误差项看待。二者在模型的形式上具有很大的相似性。其模型形式分为空间滞后的面板模型与空间误差的面板模型：$Y = \rho WY + X\beta + \mu + \varepsilon$；$Y = X\beta + \mu + \phi$，$\phi = \lambda W\phi + \varepsilon$。此外，面板数据的空间计量模型又包括了固定系数的空间计量模型和随机系数的空间计量模型，但与本书的研究目的相差较远，因此并不打算采用。

为了对生态效率的空间溢出效应进行检验，以 IPAT 模型为基础，在前文对空间自相关检验的基础上，建立空间距离权重矩阵，分析城市生态效率的空间溢出效应。IMPT 模型是由 Ehrlich 于 20 世纪 70 年代提出的，其目的是研究人口、富裕度、技术等对环境的影响。后经 Dietz（1994）等学者将其拓展为随机形式，即：

$$I = \alpha P^\beta A^\gamma T^\varphi \mu \tag{6-5}$$

式（6-5）被称为 STIRPAT 模型。其中，I 为环境变量；P 为人口规模；A 为人均财富；T 为技术进步水平；μ 为随机误差项；α 表示模型系数；β，γ，φ 为各影响因素的指数参数。

为便于回归，对式（6-5）进行线性变换，取对数可得：

$$\ln I = \ln\alpha + \beta\ln P + \gamma\ln A + \varphi\ln T + \ln\mu \tag{6-6}$$

综上所述，本书以 STIRPAT 模型为理论基础，以城市生态效率作为环境变量，以固定资产投资额作为影响环境质量的规模因素，以人均 GDP 作为人均财富的代理变量，同时考虑产业结构、政府支出以及外商直接投资对城市生态效率的影响，将空间杜宾模型（SDM）设定为：

$$\ln I = \rho W \ln I + \ln\alpha + \beta\ln P + \gamma\ln A + \varphi\ln T + \ln\mu + \ln\varepsilon \qquad (6-7)$$

其中，I 代表城市生态效率；P 代表固定资产投资额；A 代表人均财富；T 代表一系列控制变量，包括产业结构、政府支出以及外商直接投资。

6.4.2 实证分析

本书以 STIRPAT 模型为理论基础，分别建立空间杜宾模型和空间自相关模型，研究产业结构、固定资产投资等各因素对城市生态效率的影响，表6-2中，模型（1）为面板组内回归结果，模型（2）为面板固定效应回归结果，模型（3）为采用随机效应的空间杜宾模型，模型（4）为采用固定效应的空间杜宾模型。

表6-2　　　　　　传统面板模型和空间杜宾模型的回归结果

模型	（1）	（2）	（3）	（4）
sca	-0.0923 *** (-7.57)	-0.0841 *** (-6.52)	-0.11512 *** (-5.21)	-0.138 *** (-5.57)
fdi	0.008263 *** (2.30)	0.00562 (1.46)	0.00766 (1.20)	0.00601 (0.93)
gov	0.133699 *** (9.57)	0.135 *** (8.67)	0.1219 *** (4.42)	0.0978 ** (3.04)
str	0.006 *** (0.87)	-0.00135 (-1.68)	0.00117 (0.90)	-0.00243 (-1.60)
gdp	0.0084972 *** (4.08)	0.00694 *** (3.29)	0.00961 *** (3.14)	0.00534 * (2.43)
Wsca			0.016 * (2.51)	0.0335 *** (3.79)
Wfdi			-0.00337 (-1.27)	-0.00164 (-0.51)
Wgov			-0.0303 ** (-3.09)	-0.0379 *** (-3.38)

续表

模型	（1）	（2）	（3）	（4）
Wstr			-0.00152^{***} （-3.72）	0.00028 （0.53）
Wgdp			-0.00315^{**} （-2.80）	-0.00125 （-1.76）
观测值个数	2690	2690	2690	2690
adjR2	0.11	0.043	0.09	0.026
lgt_theta			-1.345^{***} （-17.82）	0.126^{***} （25.12）
sigma2_e			0.0181^{***} （13.55）	0.011^{***} （32.84）
rho			0.3026^{***}	0.303^{***}

注：* $p<0.05$，** $p<0.01$，*** $p<0.001$。

如表 6-2 所示，模型（1）和模型（2）分别给出了传统计量模型的估计结果，根据 Hausman 检验结果，应采用固定效应。无论是模型（1）的组内回归结果，或是模型（2）中控制固定效应的回归结果，inv 的系数均为负，说明固定资产投资显著降低了城市生态环境质量，随着城市规模的不断扩大，城市生态效率有下降的趋势。政府支出与个人财富则显著提高了城市生态效益，说明自2004 年以来，我国政府投资活动大幅受到可持续发展的政策影响，政府支出的增加有利于城市生态效益的提高；个人财富的增长显著提升城市生态效率，说明随着生活水平的提高，人民开始越来越关注生活环境的好坏。而外商直接投资虽然对城市生态效率有正向作用，但其影响并不明显。

模型（3）和模型（4）分别为采用随机效应和固定效应的 SDM 模型回归结果，首先存储未使用稳健标准误的随机效应与固定效应估计结果，然后计算得到其 Hausman 统计量为 73.45，因此应拒绝随机效应的原假设，采取固定效应进行回归。由表 6-2，可以得到以下结论：

第一，从回归结果可以看出，资本投入的扩大会对城市生态效率显著影响。由于 2003 年以来，我国经济增长首先经历了飞速增长的阶段，在这一阶段我国城市规模的扩大，很大程度上都是由于城市的无序发展。这一盲目扩张城市规模的过程，不仅给城市设施造成了巨大的压力，同时由于资源消耗的增加，使城市对城市环境造成了很大的影响。城市规模的空间滞后项为正，代表虽然城市自身会因盲目扩大基建而产生种种生态环境问题，但相邻城市的生态效益可能会从中受益。

第二，政府支出显著提高了城市生态效率。而空间杜宾模型的回归结论表明，政府财政支出对生态效率的提升效果可能被高估了。由于 2003 年以来，以人为本和可持续发展理念开始深入人心，可持续发展战略开始正式成为国家的主导发展战略，政府财政支出也倾向于提高更多节能、环保类型的公共品，或采用其他规制手段强化环境规制政策，因此在本书的研究期限内，政府财政支出能够对城市生态效率产生显著的正向促进作用。然而政府支出的空间滞后项系数显著为负，由此可以推断，当本地政府重视环境保护时，相邻城市的生态效率会相应下降。

第三，个人财富的增加对城市生态效率有明显的正向促进作用。2003 年以来，我国经济飞速增长，个人财富也得到了显著提高。由此可以推断，人民收入水平的提高也伴随着环保意识的增强。而个人财富的空间滞后项系数也显著为负，说明相邻地区居民上期的收入水平提高，将会导致本地当期生态效率的下降，这一现象与政府支出的空间滞后一致，即当本地政府和居民重视环保时，污染企业可能会向周边地区扩散。

第四，传统观点认为，加速环境污染的另外一个重要因素是产业结构，即由于我国的粗放式生产，第二产业比重的增加势必带来更多的能源消费，从而产生更多的二氧化碳和更多的工业废水、工业废气以及工业固体废物。但根据回归结果，产业结构的优化并没有显著提高本地生态效率。由此可以推断，虽然 2003 ~ 2017 年，我国城市产业结构开始由工业制造业向服务业转变，但第三产业并未转向高端服务业，很可能是仍以中低端服务业为主，因此对城市生态效率的提高并不明显。与此同时，外商直接投资也并没有显著提高城市生态效率，其空间滞后项也并不明显。值得关注的是，产业结构的空间滞后项会对相邻地区产生显著影响。由于我国产业结构的转变多以产业转移的形式实现，即中西部经济较为落后的地区主动承接东部地区产业转移，而这一转移的过程，可能伴随着高能耗、高污染产业转移的过程。因此，在模型（3）中，Wstr 的系数显著为负，说明本地产业结构的优化可能会降低其他地区的城市生态效率，与经济学直觉相符。

6.5　本章小结

通过对我国城市效率的空间关联格局检验，得到以下结论：

第一，对 2003～2008 年、2009～2013 年和 2014～2017 年三段不同时期中，我国地级市单元的全局、局部空间自相关 Moran's I 指数值进行计算并进行检验，发现 Moran's I 指数在 0.1% 的显著水平上呈现为正，说明两个时期都呈正的空间相关性，且随着时间推移高值与低值集聚具有逐渐增强趋势。说明各单元的生态效率不仅与该区域的产业结构、社会经济发展水平等因素有关，还与周围邻域单元生态效率相关。

第二，我国城市生态效率表现出了明显的空间关联特征，根据所处地区的不同，集聚类型也明显分为四种：第一，H-H 型集聚区域，在这类区域中，地级市自身和周边城市单元均呈现出较高的生态效率值，集聚区域内的空间差异程度较小，在我国主要分布于东部省份及部分中部省份，集聚区域特征明显，多为产业结构优化、人口规模较高的地区；第二，H-L 型集聚区域，此类区域中地级市自身生态效率较高，但周边城市生态效率值较低，两者呈现较大的空间差异，多分布于 H-H 型集聚区域的相邻地区，如我国东北和东南沿海地区；第三，L-H 型集聚区域，地级市自身生态效率低，然而周边城市的生态效率均高于本地区，此类区域中生态效率空间差异程度较大，在我国多分布于中西部地区，如宁夏、西安等地；第四，L-L 型集聚区域，城市自身和周边地级市的生态效率均呈现出低效状态，生态效率的空间差异程度虽然较小，但表现为低效与低效的集聚，在我国主要分布于西部地区，如新疆、西藏、甘肃以及云南部分地区。

第三，自 2008 年以来，H-L 型集聚区域和 L-H 型集聚区域的数量呈略有下降的态势，说明邻域单元生态效率差距有所缩小。H-H 型集聚区域与 L-L 型集聚区域同步扩大，说明我国城市生态效率的空间溢出效应增强。H-H 型集聚区域的增加表明该区域内，城市与城市之间形成了良好的生态互动效应，生态效应同步提高。而 L-L 型集聚区域在研究期初仅分布于我国西部的新疆、西藏以及云南等地，随着时间推移又进一步向中部地区扩展，说明我国在对西部地区进行开发的过程中应不仅注重经济效应，同步注重环境效益。

进一步对我国城市生态效率的空间溢出效应进行分析，得到以下结论：

第一，城市规模的扩大会显著降低城市生态效率，这一结论广泛存在与传统面板回归模型和空间计量模型的回归结果中。我国城市集聚对生态效率提高的正外部性并不成立，其原因很可能是城市无序扩张的结果。而且，传统固定效应模型低估了城市规模对生态效率的影响大小，由于空间溢出效应的存在，本地空气或环境质量的恶化会对周边城市产生显著影响。在实证研究中，表现为本地当期城市生态效率会受到相邻城市上一期扩张的不良影响。

第二，政府行为和个人财富增长有利于城市生态效率的提升。我国政府的财政支出倾向于购买环保节能产品，由地方政府提供的公共品更能提高城市生态效率。在传统回归结果中，个人财富的增长对城市生态效率提高也有明显的正向促进效应，然而在空间计量回归中，生活水平的提高会导致污染向周边地区扩散，即本地区个人财富的增长会对相邻地区下一期的生态效率产生不利影响。

第三，外商直接投资与产业结构并不能显著提升生态效率，但产业结构的空间滞后项显著降低了其他城市的生态效率。由于我国产业结构的转变多以产业转移的形式实现，即中西部经济较为落后的地区主动承接东部地区产业转移。根据本书的研究结论，这一转移的过程，显然伴随着高能耗、高污染产业转移的过程，因此当期本地产业结构的优化才会对其他地区下一期的生态效率产生显著影响。

综上所述，本书认为在以下三个方面的政策导向将有利于提升我国城市单元的生态效率：

第一，加强东南沿海城市对周边以及沿海城市间的辐射带动作用，加速 H-H 型集聚区域扩散范围。加快人力、资本、技术等要素的外溢速度，强化周边及沿海城市间产业集聚、人口集聚能力，推动产业结构向高端、高效、高附加值的战略新兴产业转变。进一步提高这些地区的经济效益是提升我国城市整体生态效率的有效途径，同时应注意以全局视角看待经济增长，避免出现"以邻为壑"的现象。

第二，我国东北地区应整合科技创新资源，促进生产工艺水平提升，加快传统产业的转型升级，严格控制重化工业产能，降低生产过程中大气污染物的排放强度。将自身区域的生态效率集聚类型由 H-L 型集聚向 H-H 型集聚转变。此外，不同地区的城市单元应强化生态建设和环境保护力度，建立生态同建、环境同治的联防联控生态环境保护机制。弱化这些地区的环境影响是提升地区生态效率的关键。

第三，西北和西南部地区应在巩固生态建设和环境保护已有成果的基础上，控制经济开发强度，优化开发方式，减缓 L-L 型集聚区域扩散速度。同时应进一步加大政府财政对绿色产业的投资力度，加快产业集聚区建设，完善产业链布局，推动生态产业发展，提高经济效益，最终实现生态效率的提升。

第7章
研究结论与展望

7.1　研究结论

本书从生态经济学理论、可持续发展理论、资源与环境经济学理论、城市经济学理论、产业集聚理论以及适度人口理论出发，以两部门生产模型、面板门槛模型以及 STIRPAT 模型为基本框架，分别分析了产业集聚和人口集聚对城市生态效率的影响以及城市生态效率的空间关联的作用机制，并利用 2003～2017 年我国地级市面板数据，对三者的影响关系进行了实证检验，并根据检验分析结果，为城市绿色发展提出具有针对性的对策建议。

第一，总体来看，中国地级市生态效率较低，尚有较大提升空间；从时序特征来看，中国地级市生态效率总体呈现先降后升态势，整体上有逐步改善的趋势；从空间分布特征来看，中国地级市生态效率空间上呈"中部塌陷"现象；中国城市间的环境约束下生态效率差异具有缩小趋势，其差异的主要贡献来自区域内差异，城市间生态效率没有显示出"俱乐部"趋同，且中部地区城市内部差异对总差异的贡献呈上升态势；从城市规模等级特征来看，小城市在生态效率上具有明显优势，整体上城市规模等级与生态效率呈 U 形关系。

第二，产业集聚、产业专业化对于城市生态效率具有显著的促进作用，而且这种促进作用在西部地区和小型城市之间更大，中部地区和中型城市次之；产业集聚与城市生态效率之间理论上呈倒 U 形关系，但在中西部地区和中等城市中并不显著，且绝大多数城市离拐点临界值尚有较大距离；产业专业化水平对城市生态效率有正向影响关系，但在东部地区和大城市中并不显著；城市基础设施尤其是城市道路网的逐步完善对于小城市和西部地区作用更大。

第三，从全国情况来看，城市人口规模与生态效率之间存在显著的双重门槛；基于东中西部区域而言，各区域内部城市人口规模与生态效率之间也存在显著的双重门槛。从人口规模与城市生态效率的角度来看，东部地区、中部地区和西部地区的双重门槛值存在明显差异；不同人口规模下人口密度与生态效率之间存在显著关系；不同人口规模下人口密度与生态效率之间的门槛效应存在显著的异质性。

第四，从空间维度来看，城市群中存在正的空间相关性，且随着时间推移高值与低值集聚具有逐渐增强的趋势。就空间溢出效应来说，各单元的生态效率不仅与该区域的产业结构、社会经济发展水平等因素有关，还与周围邻域单元生态效率相关；政府行为和个人财富增长有利于城市生态效率的提升；城市固定资产投资规模的扩大会显著降低城市生态效率；外商直接投资与产业结构并不能显著提升生态效率，但产业结构的空间滞后项显著降低了其他城市的生态效率。

7.2 政策建议

7.2.1 灵活规划产业集聚，促进城市绿色发展

由于在产业集聚水平较低时将加剧环境污染，则应采取有效措施提高产业集聚水平至门槛值；而一旦提高到门槛值，则可以通过产业集聚的门槛效应改善城市环境，因此，促进产业集聚水平提高是改善我国城市环境的主要途径。

第一，应针对不同地区制定差异化政策。对于产业集聚水平较低的地区，应在采取措施提高产业集聚水平的同时，选择引进外商直接投资和更加严厉的环境规制等政策组合，以改善环境污染，避免"先污染再治理"；在产业集聚水平较高的地区，积极鼓励产业科技创新，优化产业集聚方向，引导向高端研发与设计等高附加值产业集聚发展。在东部地区制造业开始向中西部地区转移、推动中西部地区产业集聚的发展过程中，针对不同地区制定差异化政策。对东部地区，应积极鼓励企业自主创新，引导产业集聚向研发、高端设计和高附加值行业领域拓展。对于中西部地区而言，在推动产业集聚发展的同时，应采取更加严格的环境规制措施保护中西部脆弱的生态环境，避免"先发展后治理"悲剧的重演。对于大城市、中等城市和小城市而言，可以进一步完善城市功能，

促进技术和人才的集中，提升产业集聚水平，使得产业集聚、经济发展和城市环境能够协调发展。同时，对于人口过多的特大型城市来说，就要特别关注由人口过度集中所带来的"城市病"问题，需要从产业转型升级、改善城市内部结构来推动城市发展和城市环境的改善。

第二，长期内，产业集聚对环境污染的改善作用可能发生逆转，在一定程度上而言，产业集聚并不能一劳永逸地解决环境污染问题。各级地方政府应发挥更强的政策引导和监督作用，根据各地的环境污染状况和经济发展水平给予合理的政策导向和扶持力度，同时，实施提高环保监督力度、增加环境治理投入和积极引导产业集聚的政策组合，以避免产业集聚发展和环境污染加剧可能带来的两难困境。积极鼓励引进外资，针对不同地区的环境污染情况以及产业集聚发展水平制定相应的政策导向，引导外资向清洁产业转移，注重引进具有环保技术优势的外资企业，从而运用国外的先进技术和环保标准，实现引资与环保的双重目标。

7.2.2　科学布局城市规模，提高城市生态效率

第一，积极发展小型城市，建立区域发展增长极。我国正处于城市快速发展阶段，但发展的要素大都积聚在特大城市、大城市，这种发展模式正给我国城市发展带来土地利用、区域平衡、环境资源等问题。研究发现，中小城市的生态效率明显低于大城市，为此，加快大中小城市协调发展，依托城市群培育新的经济增长极是推进新型城镇化和促进区域协调发展的重要支撑。一方面，需要深化土地制度、户籍制度改革，解决农民进城问题，给中小城市发展带来潜力和动力；另一方面，建立财税扶持政策、健全长效投入机制，有效促进产城融合，积极改善城市建设融资渠道，给中小城市发展带来活力和实力。

第二，优先扩容中型城市，培育城市群崛起动能。本研究显示，中型城市人口密度有限，存在一定的扩容空间。因此，无论是从区域功能视角，还是从带动辐射层面，城市群的崛起都必须有一批带动力强的中等城市来支撑。高度重视和深入研究中部地区中等城市发展问题，选择一批基础较好、区域辐射带动力较强的中等城市予以重点支持，培育和加快建设省域副中心城市和区域性

中心城市，使之迅速成长为实力比较强大的大城市，成为区域经济发展的重要增长极。以城市群为主体构建大中小城市和小城镇协调发展的城镇格局，加快农业转移人口市民化。

第三，科学布局大型城市，推动城镇一体化发展。截至 2017 年末，我国 283 个地级市中，还有 134 个城市的人口规模小于 191.4 万人，说明大城市的扩容仍有较大空间，人口集聚门槛的生态效率提升亟待充分释放。因此，一方面要科学布局大型城市人口分布，推动城镇一体化发展。实施功能区定位战略，实现区域功能定位与人口分布相协调发展，有效提高大城市的人口密度。另一方面，合理配置要素空间布局，推动城镇一体化发展，实现人口合理分布，促进人口空间优化，以产业升级转型带动人口合理分布。

第四，优化城市规模等级，促进区域要素相协调。一是科学制定人口统计范围，综合考虑产业结构、产业布局、城市服务功能等，优化人口统计口径；二是综合考量资源环境禀赋、产业布局和功能定位，细化区域城市规模等级标准；三是调整设市标准，总体兼顾区域特征和资源禀赋，细分设市标准。

7.2.3　建立城市联动系统，协调区域科学发展

产业集聚、城市规模与城市生态之间存在双向交互作用，城市化的过程中不可片面追求城市的规模和经济密度而忽略环境污染对经济集聚的负面影响。

第一，虽然环境消耗可增加产出，但过多使用环境要素也会产生更多污染，应通过技术创新降低投入要素中环境要素的比例，加快技术、资本和劳动要素对环境要素的替代，提高环保标准，鼓励企业通过技术创新来减少环境要素的使用。经济活动是污染的主要来源，经济发展协同是污染联合治理的根本应形成地区经济协同为主、政策管理协同为辅的联合治污格局。政策和管理上的联动可取得治污短期效果，从长期看，协调地区间的产业结构、发展规划等经济因素才是污染治理的根本。因此，应成立国家、城市群经济带等宏观层面的协调组织，全面协调各地的发展规划、发展战略和环保政策，制定区域内部的经济发展和环保共同行动纲领如建立污染排放交易市场编制资源和生态环境资产负债表等。

第二，差异化发挥区域间协作。加强东南沿海城市对周边以及沿海城市间的辐射带动作用，加快人力、资本、技术等要素的外溢速度，强化周边及沿海城市间产业集聚、人口集聚能力，推动产业结构向高端、高效、高附加值的战略新兴产业转变。我国东北地区应整合科技创新资源，促进生产工艺水平提升，加快传统产业的转型升级，严格控制重化工业产能，降低生产过程中大气污染物的排放强度。西北和西南部地区应在巩固生态建设和环境保护已有成果基础上，控制经济开发强度，优化开发方式。同时应进一步加大政府财政对绿色产业的投资力度，加快产业集聚区建设，完善产业链布局，推动生态产业发展，提高经济效益，最终实现生态效率的提升。

7.3　研究展望

本书采用 SBM 方向性距离函数测度了我国在资源环境约束下的城市生态效率，并从产业集聚、人口集聚和生态效率空间溢出效应三个视角考察了三者对我国城市生态效率的作用和影响，为我国环境政策优化和城市绿色发展提供了理论证明和实践支持。但由于条件、数据等因素限制，还存在一些不足，需要进一步的研究和论证。

第一，由于数据有限，在利用 SBM 方向性距离函数模型计算城市生态效率时，非期望产出只考虑了工业废水排放总量和二氧化硫排放量，只能大致反映城市污染状况，评价精度有限。而随着经济发展和城镇化的推进，污染已不仅限于工业"三废"，还应包括二氧化碳排放量、工业固体废物等，随着统计数据的不断完善和统计方法的日渐丰富，今后可考虑加入更多非期望产出指标，方能提高城市生态效率评价全面性，优化环境政策体系。

第二，只采用理论分析和实证分析方法验证产业集聚、人口集聚和空间溢出与城市生态效率的关系，而缺少国内外关于合理配置要素、推动城市绿色发展的实践经验和经典案例。因此，下一步可以考虑选取若干绿色发展城市的典型案例，对其经验教训进行进一步总结和分析，以提高研究的客观性和实用性。

　　第三，只从单个要素出发，探究了资本、人口和空间三个要素层面的城市
生态效率发展，而忽略了三者之间的相互影响以及互相作用，今后可全面考虑
产业集聚、人口集聚和城市集聚三个要素的叠加作用，以此分析其对城市绿色
发展的综合影响。

参考文献

[1] 安虎森. 区域经济学通论 [M]. 北京: 经济科学出版社, 2004.

[2] 包正君, 赵和生. 基于生态足迹模型的城市适度人口规模研究——以南京为例 [J]. 土木工程与管理学报, 2009, 26 (2): 84-89.

[3] 陈黎明, 王文平, 王斌. "两横三纵"城市化地区的经济效率, 环境效率和生态效率——基于混合方向性距离函数和合图法的实证分析 [J]. 中国软科学, 2015 (2): 96-109.

[4] 陈柳钦. 论产业集群、技术创新和技术创新扩散的互动 [J]. 山西财经大学学报, 2007, 29 (12): 46-51.

[5] 陈媛媛. 工业集聚对行业清洁生产与末端治理的影响 [J]. 南方经济, 2011 (5): 17-27.

[6] 陈真玲. 生态效率、城镇化与空间溢出——基于空间面板杜宾模型的研究 [J]. 管理评论, 2016, 28 (11).

[7] 成金华, 孙琼, 郭明晶, 徐文赟. 中国生态效率的区域差异及动态演化研究 [J]. 中国人口资源与环境, 2014, 24 (1): 47-54.

[8] 戴铁军, 陆钟武. 钢铁企业生态效率分析 [J]. 东北大学学报自然科学版, 2005, 26 (12): 1168-1173.

[9] 杜官印, 蔡运龙. 1997-2007年中国建设用地在经济增长中的利用效率 [J]. 地理科学进展, 2010, 29 (6): 693-700.

[10] 范红忠, 岳文涛. 城市规模与中国工业企业生产效率 [J]. 工业技术经济, 2015, 34 (10): 129-136.

[11] 冯薇. 产业集聚与生态工业园的建设 [J]. 中国人口·资源与环境, 2006, 16 (3): 55-59.

[12] 付云鹏, 马树才, 宋琪. 基于空间计量的人口规模、结构对环境的影响效应研究 [J]. 经济经纬, 2016 (5): 24-29.

［13］顾强. 提高产业集群生态效率促进循环经济发展 ［J］. 中国科技投资，2006（8）：30 – 31.

［14］顾晓薇，王青. 可持续发展的环境压力指标及其应用 ［M］. 北京：冶金工业出版社，2005.

［15］何枫，祝丽云，马栋栋等. 中国钢铁企业绿色技术效率研究 ［J］. 中国工业经济，2015（7）：84 – 98.

［16］何宜庆，陈林心，周小刚. 长江经济带生态效率提升的空间计量分析——基于金融集聚和产业结构优化的视角 ［J］. 生态经济（中文版），2016，32（1）：22 – 26.

［17］侯伟丽. 环境经济学 ［M］. 北京：北京大学出版社，2016.

［18］胡璐璐，刘亚岚，任玉环，宇林军，曲畅. 近80年来中国大陆地区人口密度分界线变化 ［J］. 遥感学报，2015，19（6）：928 – 934.

［19］胡序威. 沿海城镇密集地区空间集聚与扩散研究 ［J］. 城市规划，1998（06）：22 – 28，60.

［20］黄洁，钟业喜. 中国城市人口密度及其变化 ［J］. 城市问题，2014（10）：17 – 22.

［21］黄雪琴，王婷婷. 资源型城市生态效率评价 ［J］. 科研管理，2015，36（7）：70 – 78.

［22］黄珍. 产业集群及其竞争优势的研究 ［D］. 对外经济贸易大学，2004.

［23］季丹. 中国区域生态效率评价——基于生态足迹方法 ［J］. 当代经济管理，2013，35（2）：57 – 62.

［24］蒋伟，刘牧鑫. 外商直接投资与环境库兹涅茨曲线——基于中国城市数据的空间计量分析 ［J］. 数理统计与管理，2011，30（4）：752 – 760.

［25］焦剑雄. 区域金融集聚、经济增长与生态效率的空间统计分析 ［D］. 南昌大学，2014.

［26］焦若静. 人口规模、城市化与环境污染的关系——基于新兴经济体国家面板数据的分析 ［J］. 城市问题，2015（5）：8 – 14.

［27］金晓雨，郑军. 中国城市效率与城市规模研究——基于非参数与半参数的实证 ［J］. 软科学，2015，29（3）：107 – 110.

[28] 柯善咨，赵曜．产业结构，城市规模与中国城市生产率 [J]．经济研究，2014（4）：76-88．

[29] 李大秋，杜世勇，张战朝，等．山东省城市化进程大气环境问题分析 [J]．中国环境监测，2013，29（5）：6-11．

[30] 李佳佳，罗能生．城市规模对生态效率的影响及区域差异分析 [J]．中国人口·资源与环境，2016，26（2）：129-136．

[31] 李金滟，宋德勇．专业化，多样化与城市集聚经济——基于中国地级单位面板数据的实证研究 [J]．管理世界，2008（2）：25-34．

[32] 李伟娜，杨永福，王珍珍．制造业集聚，大气污染与节能减排 [J]．经济管理，2010（9）：36-44．

[33] 李学鑫．中原城市群产业专业化与多样化分工的演进 [J]．统计与决策，2008（12）：96-99．

[34] 李勇刚，张鹏．产业集聚加剧了中国的环境污染吗——来自中国省级层面的经验证据 [J]．华中科技大学学报（社会科学版），2013，27（5）：97-106．

[35] 厉以宁，章铮．环境经济学 [M]．北京：中国计划出版社，1995．

[36] 连玉君，程建．不同成长机会下资本结构与经营绩效之关系研究 [J]．当代经济科学，2006，28（2）：97-103．

[37] 梁婧，张庆华，龚六堂．城市规模与劳动生产率：中国城市规模是否过小？——基于中国城市数据的研究 [J]．经济学（季刊），2015（2）：1053-1072．

[38] 梁流涛，赵庆良，陈聪．中国城市土地利用效率空间分异特征及优化路径分析——基于287个地级以上市的实证研究 [J]．中国土地科学，2013，27（7）：48-54．

[39] 林坚，马珣．中国城市群土地利用效率测度 [J]．城市问题，2014，（05）：9-14．

[40] 刘丙泉，李雷鸣，宋杰鲲．中国区域生态效率测度与差异性分析 [J]．技术经济与管理研究，2011（10）：3-6．

[41] 刘晶茹，吕彬，张娜，石垚．生态产业园的复合生态效率及评价指标体系 [J]．生态学报，2014，34（1）：136-141．

[42] 刘宁，吴小庆，王志凤，王远，陆根法，温剑锋．基于主成分分析法

的产业共生系统生态效率评价研究 [J]. 长江流域资源与环境，2008，17（6）：831－838.

[43] 刘睿文，封志明，游珍. 中国人口集疏格局与形成机制研究 [J]. 中国人口·资源与环境，2010，20（3）：89－94.

[44] 刘习平，盛三化. 产业集聚对城市生态环境的影响和演变规律——基于 2003—2013 年数据的实证研究 [J]. 贵州财经大学学报，2016（5）：90－100.

[45] 吕彬，杨建新. 生态效率方法研究进展与应用 [J]. 生态学报，2006，26（11）：3898－3906.

[46] 吕健. 中国经济增长与环境污染关系的空间计量分析 [J]. 财贸研究，2011，22（4）：1－7.

[47] 马素琳，韩君，杨肃昌. 城市规模、集聚与空气质量 [J]. 中国人口·资源与环境，2016，26（5）：12－21.

[48] 马勇，刘军. 长江中游城市群产业生态化效率研究 [J]. 经济地理，2015（6）：124－129.

[49] 彭建，汪安，刘焱序，马晶，吴健生. 城市生态用地需求测算研究进展与展望 [J]. 地理学报，2015，70（2）：333－346.

[50] 彭松建. 西方人口经济学概论 [M]. 北京：北京大学出版社，1987.

[51] 彭中文，熊炬成. 产业集聚、技术溢出与生产率增长——来自中国装备制造业的经验证据 [J]. 湘潭大学学报（哲学社会科学版），2011（02）：58－62，75.

[52] 任宇飞，方创琳. 京津冀城市群县域尺度生态效率评价及空间格局分析 [J]. 地理科学进展，2017，36（1）：87－98.

[53] 沈能. 环境规制对区域技术创新影响的门槛效应 [J]. 中国人口·资源与环境，2012，22（6）：12－16.

[54] 石东伟，何永芳. 产业专业化、产业多样化与城市经济增长 [J]. 中国城市经济，2011（2）：36－37.

[55] 世界环境与发展委员会（著），王之佳，柯金良（译）. 我们共同的未来 [M]. 长春：吉林人民出版社，1997.

[56] 孙琨，唐承财，钟林生. 基于人口特征的城市生态游憩空间配置——以常熟市为例 [J]. 地理科学进展，2016，35（6）：714－723.

[57] 孙欣,赵鑫,宋马林.长江经济带生态效率评价及收敛性分析 [J].华南农业大学学报(社会科学版),2016,15(5):1-10.

[58] 孙学敏,王杰.环境规制对中国企业规模分布的影响 [J].中国工业经济,2014(12):44-56.

[59] 唐华.基于物质流分析法对江西省生态效率的评价 [J].绿色科技,2014(7):23-25.

[60] 涂正革.环境、资源与工业增长的协调性 [J].经济研究,2008(2):93-105.

[61] 王兵,吴延瑞,颜鹏飞.中国区域环境效率与环境全要素生产率增长 [J].经济研究,2010(5):95-109.

[62] 王菲凤,陈妃.福州大学城校园生态足迹和生态效率实证研究 [J].福建师大学报(自然科学版),2008,24(5):84-89.

[63] 王甫园,王开泳,陈田,李萍.城市生态空间研究进展与展望 [J].地理科学进展,2017,36(2):207-218.

[64] 王惠,王树乔,苗壮,李小聪.研发投入对绿色创新效率的异质门槛效应——基于中国高技术产业的经验研究 [J].科研管理,2016,37(2):63-71.

[65] 王建平.论公路交通运输对环境的影响 [J].山西建筑,2010,36(25):348-349.

[66] 王杰,刘斌.环境规制与企业全要素生产率——基于中国工业企业数据的经验分析 [J].中国工业经济,2014(3):44-56.

[67] 王雅雯.基于GIS的辽宁省人口集聚度评价研究 [D].辽宁师范大学,2008.

[68] 王业强.倒"U"型城市规模效率曲线及其政策含义——基于中国地级以上城市经济、社会和环境效率的比较研究 [J].财贸经济,2012(11):127-136.

[69] 魏巍,李强,张士杰.交通基础设施、产业聚集与经济增长——基于省级面板数据的经验研究 [J].地域研究与开发,2014(02):46-50.

[70] 吴井峰.金融集聚与地区生态效率的空间计量实证研究 [J].统计与决策,2016(3):149-153.

[71] 吴玉萍，董锁成．环境经济学与生态经济学学科体系比较［J］．生态经济学，2001（9）：7－10.

[72] 武俊奎．城市规模、结构与碳排放［D］．复旦大学，2012.

[73] 胥留德．后发地区承接产业转移对环境影响的几种类型及其防范［J］．经济问题探索，2010（6）：36－39.

[74] 徐辉，杨烨．人口和产业集聚对环境污染的影响——以中国的100个城市为例［J］．城市问题，2017（1）：53－60.

[75] 徐杰芳，田淑英，占沁嫣．中国煤炭资源型城市生态效率评价［J］．城市问题，2016（12）：85－93.

[76] 许庆明，胡晨光，刘道学．城市群人口集聚梯度与产业结构优化升级——中国长三角地区与日本、韩国的比较［J］．中国人口科学，2015（1）：29－37.

[77] 闫逢柱，苏李，乔娟．产业集聚发展与环境污染关系的考察——来自中国制造业的证据［J］．科学学研究，2011，29（1）：79－83.

[78] 杨青山，杜雪，张鹏，赵怡春．东北地区市域城市人口空间结构与劳动生产率关系研究［J］．地理科学，2011，31（11）：1301－1306.

[79] 姚德文，孙国锋．产业专业化对城镇化的影响——基于长三角地区1986—2012年的面板数据分析［J］．山西财经大学学报，2016（2）：61－76.

[80] 游达明，黄曦子．长江经济带省际工业生态技术创新效率评价［J］．经济地理，2016，36（9）：128－134.

[81] 张炳，黄和平，毕军．基于物质流分析和数据包络分析的区域生态效率评价——以江苏省为例［J］．生态学报，2009，29（5）：2473－2480.

[82] 张成，于同申，郭路．环境规制影响了中国工业的生产率吗——基于DEA与协整分析的实证检验［J］．经济理论与经济管理，2010（3）：11－17.

[83] 张建华，程文．中国地区产业专业化演变的U形规律［J］．中国社会科学，2012（1）：76－97.

[84] 张军，吴桂英，张吉鹏．中国省际物质资本存量估算：1952—2000年［J］．经济研究，2004（10）：35－44.

[85] 张可，汪东芳．经济集聚与环境污染的交互影响及空间溢出［J］．中国工业经济，2014（6）：70－82.

［86］Andersen P, Petersen N C. A Procedure for Ranking Efficient Units in Data Envelopment Analysis［J］. Management Science, 1993, 39（10）: 1261 – 1264.

［87］Anselin L. Spatial Econometrics: Methods and Models［J］. Economic Geography, 1989, 65（2）: 160.

［88］Anselin L. Under the hood Issues in the specification and interpretation of spatial regression models［J］. Agricultural Economics, 2002, 27（3）: 247 – 267.

［89］Bai J. Estimating multiple breaks one at a time［J］. Econometric theory, 1997, 13（03）: 315 – 352.

［90］Banker R D, Charnes A, Cooper W W. Some Models for Estimating Technical and Scale Inefficiencies in Data Envelopment Analysis［J］. Management Science, 1984, 30（9）: 1078 – 1092.

［91］Bergh J C V D. Ecological economics: themes, approaches, and differences with environmental economics［J］. Regional Environmental Change, 2001, 2（1）: 13 – 23.

［92］Berman E., Bui L. T. M. Environmental Regulation and Productivity: Evidence from Oil Refineries［J］. Review of Economics and Statistics, 2001, 83（3）: 498 – 510.

［93］Blonigen B A, Davies R B, Waddell G R, et al. FDI in space: Spatial autoregressive relationships in foreign direct investment［J］. European Economic Review, 2007, 51（5）: 1303 – 1325.

［94］Brajer V, Mead R W, Xiao F. Searching for an Environmental Kuznets Curve in China's air pollution［J］. China Economic Review, 2011, 22（3）: 383 – 397.

［95］Charnes, A., Cooper, W. W., and Rhodes, E. "Measuring the Efficiency of Decision Making Units", European Journal of Operational Research, 1978, 2（6）, 429 – 44.

［96］Chung Y H, Färe R, Grosskopf S. Productivity and undesirable outputs: a directional distance function approach［J］. Journal of Environmental Management, 1997, 51（3）: 229 – 240.

［97］Ciccone A, Hall R E. Productivity and the Density of Economic Activity［J］. The American Economic Review, 1996, 86（1）: 54 – 70.

［98］ Copeland B R, Taylor M S. North-South trade and the environment ［J］. The quarterly journal of Economics, 1994, 109 (3): 755 – 787.

［99］ Copeland B R, Taylor M S. Trade and the environment : theory and evidence ［J］. Canadian Public Policy, 2003.

［100］ Czamanski D Z, Guldmann J M, Johnson G L, et al. The Allocation of Increasing Gas Supplies in Ohio ［M］. NRRI, 1978.

［101］ Dahlstrom K, Ekins P. Eco-efficiency trends in the UK steel and aluminum industries-Differences between resource efficiency and resource productivity ［J］. Journal of Industrial Ecology, 2005, 9 (4): 171 – 188.

［102］ Dierz T, Rosa E A. Rethinking the Environmental Impacts of Population Affluence and Technology ［J］. Human Ecology Reviews, 1994 (1) .

［103］ Duc T A, Vachaud G, Bonnet M P, et al. Experimental investigation and modelling approach of the impact of urban wastewater on a tropical river; a case study of the Nhue River, Hanoi, Viet Nam ［J］. Journal of Hydrology, 2007, 334 (3): 347 – 358.

［104］ Duranton G, Puga D. Nursery cities: Urban diversity, process innovation, and the life cycle of products ［J］. American Economic Review, 2001: 1454 – 1477.

［105］ Dyckhoff H, Allen K. Measuring ecological efficiency with data envelopment analysis (DEA) ［J］. European Journal of Operational Research, 2001, 132 (2): 312 – 325.

［106］ Ehrlich P R, Holdren J P. Impact of population growth ［J］. Science, 1971, 171 (3977): 1212 – 1217.

［107］ Elhorst J P. Matlab Software for Spatial Panels ［J］. International Regional Science Review, 2014, 37 (3): 389 – 405.

［108］ Elhorst J P. Spatial econometrics. From cross-sectional data to spatial panels ［J］. James P Lesage, 2014, 1 (1): 245 – 260.

［109］ Elhorst J P. Specification and Estimation of Spatial Panel Data Models ［J］. International Regional Science Review, 2003, 26 (3): 244 – 268.

［110］ Faere R, Grosskopf S, Lovell C A K, et al. Multilateral Productivity Comparisons When Some Outputs are Undesirable: A Nonparametric Approach ［J］.

1989，71（1）：90－98.

［111］ Fare R，Grosskopf S，Lovell C A K，et al. Derivation of Shadow Prices for Undesirable Outputs：A Distance Function Approach ［J］. Review of Economics & Statistics，1993，75（2）：374－380.

［112］ Färe R，Grosskopf S，Lovell C A K，et al. Multilateral productivity comparisons when some outputs are undesirable：a nonparametric approach ［J］. The review of Economics and Statistics，1989：90－98.

［113］ Fogarty M S，Garofalo G A. Urban spatial structure and productivity growth in the manufacturing sector of cities ［J］. Journal of Urban Economics，1988，23（1）：60－70.

［114］ Frank A，Moussiopoulos N，Sahm P，et al. Urban air quality in larger conurbations in the European Union ［J］. Environmental Modelling & Software，2001，16（4）：399－414.

［115］ Getis A. Spatial Weights Matrices ［J］. Geographical Analysis，2009，41（4）：404－410.

［116］ Girma S，Greenaway D，Wakelin K. Who benefits from foreign direct investment in the UK? ［J］. Scottish Journal of Political Economy，2001，48（2）：119－133.

［117］ Glaeser E L，Resseger M G. The complementarity between cities and skills ［J］. Journal of Regional Science，2010，50（1）：221－244.

［118］ Griffith D A. Spatial Autocorrelation ［J］. Trends in Ecology & Evolution，1973，14（5）：196.

［119］ Grossman G M，Krueger A B. Economic growth and the environment ［J］. The quarterly journal of economics，1995，110（2）：353－377.

［120］ Hensen. E. Threshold Effects in Non-Dynamic Panels：Estimation，Testing，and Inference ［J］. Journal of Econometrics，1999，93（2）：345－368.

［121］ Hashimoto S，Moriguchi Y. Proposal of six indicators of material cycles for describing society's metabolism：from the viewpoint of material flow analysis ［J］. Resources Conservation & Recycling，2004，40（3）：185－200.

［122］ Henderson J V. The Sizes and Types of Cities ［J］. American Economic Review，1974，64（4）：640－656.

[123] Höh H, Schoer K, Seibel S. Eco-efficiency indicators in German Environmental Economic Accounting [J]. Statistical Journal of the United Nations Economic Commission for Europe, 2002, 19: págs. 41 –52.

[124] J. Paul Elhorst. Applied Spatial Econometrics: Raising the Bar [J]. Spatial Economic Analysis, 2010, 5 (1): 9 –28.

[125] Kathuria V. Informal regulation of pollution in a developing country: evidence from India [J]. Ecological Economics, 2007, 63 (2): 403 –417.

[126] Krugman P. Increasing returns and economic geography [J]. Journal of political economy, 1991, 99 (3): 483 –499.

[127] Kuosmanen T, Kortelainen M, Sipiläinen T, et al. Firm and Industry Level Profit Efficiency Analysis Under Incomplete Price Data: A Nonparametric Approach Based on Absolute and Uniform Shadow Prices [J]. Ssrn Electronic Journal, 2005, 31: 1 –31.

[128] Lanoie P. , Patry M. , Lajeunesse R. Environmental Regulation and Productivity: Testing the Porter Hypothesis [J]. Journal of Finance, 2008.

[129] Lesage J P. An Introduction to Spatial Econometrics [J]. Journal of the Royal Statistical Society, 2008, 123 (123): 513 –514.

[130] Liu Y, Song Y, Arp H P. Examination of the relationship between urban form and urban eco-efficiency in China [J]. Habitat International, 2012, 36 (1): 171 –177.

[131] Maddison David. Environmental Kuznets curves: A spatial econometric approach [J]. Journal of Environmental Economics & Management, 2006, 51 (2): 218 –230.

[132] Managi S, Kaneko S. Environmental Productivity in China [J]. Economics Bulletin, 2004, 17 (2): 1 –10.

[133] Marshall A. Principles of economics: An introductory volume [M]. London: Macmillan, 1890.

[134] Marshall A. Principles of economics [M]. Cambridge University Press, 1961.

[135] Masahisa Fujita, Paul R. Krugman, Anthony J. Venables . The spatial

economy: cities, regions and international trade [M]. MA: MIT Press, 1999.

[136] Miśkiewicz J. Globalization — Entropy unification through the Theil index [J]. Physica a Statistical Mechanics & its Applications, 2008, 387 (26): 6595 – 6604.

[137] Moomaw R L. Firm location and city size: reduced productivity advantages as a factor in the decline of manufacturing in urban areas [J]. Journal of Urban Economics, 1985, 17 (1): 73 – 89.

[138] Moran P A P. The Interpretation of Statistical Maps [J]. Journal of the Royal Statistical Society, 1947, 10 (2): 243 – 251.

[139] Muller K, Sterm A. Standardized eco-efficiency indicators-report: concept paper. Basel 2001.

[140] OECD. Eco-efficiency. Organization for economic co-operation and development. Paris, France. 1998

[141] Oosterhaven J, Broersma L. Sector structure and cluster economies: a decomposition of regional labour productivity [J]. Regional Studies, 2007, 41 (5): 639 – 659.

[142] Pekka J. Korhonen, Mikulas Luptacik. Eco-efficiency analysis of power plants: An extension of data envelopment analysis [J]. European Journal of Operational Research, 2004, 154 (2): 437 – 446.

[143] Porter M E. Clusters and the new economics of competition [M]. Boston: Harvard Business Review, 1998.

[144] Poumanyvong P, Kaneko S, Dhakal S. Impacts of urbanization on national residential energy use and CO_2 emissions: Evidence from low-, middle-and high-income countries [J]. Idec Dp2, 2012, 2: 1 – 35.

[145] Ren W, Zhong Y, Meligrana J, et al. Urbanization, land use, and water quality in Shanghai: 1947 – 1996 [J]. Environment International, 2003, 29 (5): 649 – 659.

[146] Rey S J. Spatial Empirics for Economic Growth and Convergence [J]. Geographical Analysis, 2001, 33 (3): 195 – 214.

[147] Sarkis J. Eco-efficiency of solid waste management in Welsh SMEs [J]. Pro-

ceedings of SPIE-The International Society for Optical Engineering, 2005, 5997.

[148] Sarkis J. Eco – efficiency: how data envelopment analysis can be used by managers and researchers [J]. 2001, 4193: 194 – 203.

[149] Satterthwaite D. The implications of population growth and urbanization for climate change [J]. Environment and Urbanization, 2009, 21 (2): 545 – 567.

[150] Schaltegger S, Burritt R. Contemporary Environmental Accounting. Issues, Concepts and Practice [M]. Greenleaf, publishing, 2000.

[151] Schaltegger S, Sturm A. Ökologische Rationalität: Ansatzpunkte zur Ausgestaltung von ö kologieorientierten Managementinstrumenten [J]. die Unternehmung, 1990: 273 – 290.

[152] Segal D. Are there returns to scale in city size? [J]. The Review of Economics and Statistics, 1976: 339 – 350.

[153] Sherman H D, Gold F. Bank branch operating efficiency: Evaluation with Data Envelopment Analysis [J]. Journal of Banking & Finance, 1985, 9 (2): 297 – 315.

[154] Sushinsky J R, Rhodes J R, Possingham H P, et al. How should we grow cities to minimize their biodiversity impacts? [J]. Global Change Biology, 2013, 19 (2): 401.

[155] Tone K. A slacks-based measure of efficiency in data envelopment analysis [J]. European journal of operational research, 2001, 130 (3): 498 – 509.

[156] Venables A J. Equilibrium Locations of Vertically Linked Industries [J]. International Economic Review, 1996, 37 (2): 341 – 359.

[157] Verhoef E T, Nijkamp P. Externalities in urban sustainability: Environmental versus localization-type agglomeration externalities in a general spatial equilibrium model of a single-sector monocentric industrial city [J]. Ecological Economics, 2000, 40 (2): 157 – 179.

[158] Virkanen J. Effect of urbanization on metal deposition in the bay of Töölönlahti, Southern Finland [J]. Marine Pollution Bulletin, 1998, 36 (9): 729 – 738.

[159] von Thünen J H. Der isolierte Staat in Beziehung auf National ö konomie

und Landwirtschaft〔J〕. Gustav Fischer, Stuttgart（reprinted 1966）, 1826.

〔160〕 Wei G, Shuting X U. Study of spatial patterns and spatial effects of energy eco-efficiency in China〔J〕. Journal of Geographical Sciences, 2016, 26（9）: 1362 – 1376.

〔161〕 Williamson J G. Regional Inequality and the Process of National Development: A Description of the Patterns〔J〕. Economic Development and Cultural Change, 1965, 17（Volume 13, Number 4, Part 2）: 1 – 84.

〔162〕 Wu J, Yin P, Sun J, et al. Evaluating the environmental efficiency of a two-stage system with undesired outputs by a DEA approach: An interest preference perspective〔J〕. European Journal of Operational Research, 2016, 254（3）: 1047 – 1062.

〔163〕 Zeng D Z, Zhao L. Pollution havens and industrial agglomeration〔J〕. Journal of Environmental Economics and Management, 2009, 58（2）: 141 – 153.